Barbara Kreilaus

Bastelideen

für Kochkarten und Rezeptbücher

Stempeln • Motivlocher • Serviettentechnik und vieles mehr

OZ creativ

VORWORT

Liebe Leserin, lieber Leser!

Kennen Sie das? Gesammelte Rezepte, die in Schuhkartons oder Ordnern gesammelt werden, verunstaltet durch Fettflecken und Eselsohren? Und natürlich findet man niemals genau das Rezept, das man gerade sucht. Oder stellen Sie sich vor, Ihre Kinder fragen, nachdem sie selbst eine eigene Familie gegründet haben, nach dem alten Rezept des Lieblingskuchens, der früher garantiert immer ein voller Erfolg war. Würden Sie das Rezept auf Anhieb finden?

Mit liebevoll gestalteten Rezeptkarten oder -büchlein erhalten Ihre Lieblingsrezepte endlich einen ganz besonderen Rahmen. Das Kuchenrezept für die Freundin wird zum kleinen Geschenk, das Chaos im Schuhkarton verschwindet, Rezepte werden gegen Feuchtigkeit geschützt und die Kinder bekommen Fotoalben mit ihren Lieblingsrezepten, in denen auch gleich noch etwas Platz für die Familiengeschichte ist.

In vielen der hier gezeigten Bastelanleitungen werden einige außergewöhnliche Materialien verwendet. Auch viele der präsentierten Techniken haben erst auf den zweiten Blick etwas mit der Gestaltung eines Foto- und Rezeptalbums zu tun. Aber gerade in der Kombination unerwarteter Techniken mit ungewöhnlichen Materialien liegt der Reiz beim Verzieren von Rezeptkarten. Erlaubt ist, was gefällt und verarbeitet wird, was gerade zur Hand ist.

Ihre

Barbara Kreilaus (die Bastelfrau)

Bedanken möchte ich mich bei den Bastelfrauen meiner Webseite, die an diesem Buch mitgearbeitet haben. Besonderer Dank gilt Christina Biller, durch die ich das Gestalten von Rezeptkarten erst kennen gelernt habe und den Firmen Rayher, Kars und KnorrPrandell für die freundliche Unterstützung

Mitwirkende an diesem Buch:

Christina Biller, Beate Bott, Irmhild Brauckmann, Claudia Breidenbach, Susanne Breideneichen, Grid Doerenkamp, Bianca Felsch, Andrea Gomoll, Ina-Maria Hinzmann, Sonja Kreß, Brigitte Salhöfer, Susanne Schonlau, Alexandra Stangl, Anne Tank und Carol aus Texas

STOCKBROT

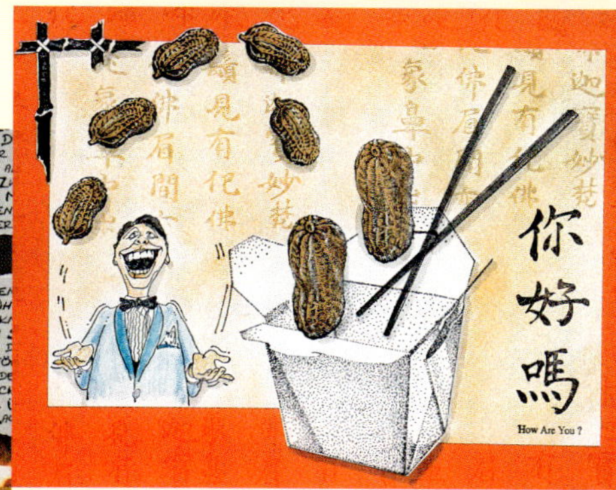
你好嗎
How Are You ?

SPINAT-ERDBEER
SALAT
Zutaten:
Die Soße
100gr Zucker
2 Eßl. Sherry
1 ½ Teel. Sesamsamen
1 ½ Teel. Olivenöl
1 Teel. fein gehackte rote Zwiebel
¾ Teel. Mohn
¼ Teel. mildes Paprikapulver
1 Prise Salz
Der Salat
½ Kg Blattspinat
250gr Erdbeeren in Scheiben geschnitten
2 Eßl. Mandel Scheibchen, leicht in Pfanne geröstet
Das Brot
85gr Ziegen- oder Schafskäse in Scheiben geschnitten
6 Scheiben Baguette, leicht getoastet
Die Zutaten für die Soße mischen.
Den Spinat u. die Erdbeeren zusammen in einer großen Schale vorsichtig vermischen.
Die Soße über den Salat geben.
Salat auf 6 Tellern verteilen, jeweils 1 Portion Mandeln darcufgeben.
Käse auf Brot scheiben streichen.
~~~ Guten Appetit! ~~~

INHALT

~~~

Materialkunde

Das Schöne am Gestalten von Rezeptkarten ist, dass der Fantasie praktisch keine Grenzen gesetzt sind und es kaum Einschränkungen bei den verwendeten Materialien gibt. Als Accessoire bei der Gestaltung von Rezeptbüchern kann alles dienen, das eine persönliche Bedeutung hat. Fotos, Zeitungsausschnitte, alte Postkarten und vieles mehr. Auf den folgenden Seiten werden viele Standardmaterialien zum Basteln sowie auch spezielles Zubehör vorgestellt.

Schneiden, reißen und lochen

Nicht jeder Rand eines Papiers muss exakt gerade sein. Mit Zickzackscheren lassen sich wundervoll zackige Ränder gestalten. Alternativ zur Spezialschere hilft das Reißlineal dabei, relativ gleichmäßige Ränder zu reißen, die lediglich sehr fein ausgefranst sind. Wer es dennoch exakt mag, kann mit einem kleinen Cutter sehr genau schneiden. Gehört zur Bastelausstattung bereits ein Locher, kann man mit Punchies – so werden die mit Motivlochern hergestellten Papiermotive genannt – Figuren zusammensetzen und Rezeptkarten verzieren.

Material/Werkzeug
Zickzackschere
Cutter
Reißlineal
Locher/Motivlocher

Verkleben

Zum Kleben kann man die üblichen Klebstoffe wie Serviettenkleber, Holzleim oder auch Klebestifte verwenden. Besonders komfortabel sind die Xyrongeräte, die es in verschiedenen Breiten gibt (siehe hierzu auch Beschreibung Xyron 510 und Xyron X2 auf Seite 7). Hier werden die Papiere mit der bedruckten Seite nach oben eingelegt und anschließend durch das Gerät gekurbelt. Dabei wird das Papier mit einer gleichmäßigen, dünnen Klebeschicht versehen. Mit dem X2-Gerät lässt sich der Klebstoff sehr sauber und gleichmäßig manuell auftragen – der Klebstoff wird aufgerollt. Wer sich so ein Gerät nicht zulegen möchte, kann auch gut mit den vorhandenen Klebstoffen für die verschiedenen Werkstoffe arbeiten. Wichtig dabei ist jedoch, dass der Klebstoff immer sehr dünn und gleichmäßig aufgetragen wird.

Material/Werkzeug
Verschiedene Klebstoffe je nach Bastelmaterial
Marabu-Servietten-Lack & Kleber
Klebestift
Xyrongeräte für Klebstoffauftrag

Papiere

Verwendung finden nicht nur verschiedene Tonpapiere und Tonkartone, sondern auch gemustertes Papier, Servietten und Blanko-Karteikarten ohne Dekor. Eine große Auswahl an verschiedenen Papieren und Servietten zum Basteln und Gestalten findet sich entweder im Schreibwarengeschäft oder im gut sortierten Bastelfachhandel. Fachhändler können auf Wunsch auch bestimmte Papiere bestellen, die gerade nicht vorrätig sind. Wer ganz bestimmte Motive sucht, lässt sich am besten im Bastelgeschäft beraten.

Material/Werkzeug
Verschiedene Papiere
Servietten
Freezerpapier
Karteikarten

Sticker und Eyelets

Damit die Rezeptkarten den letzten Schliff erhalten, werden sie mit kleinen Verzierungen aller Art bestückt. Es können dabei Musterbeutelklammern (engl. Brads), Sticker oder Eyelets (kleine Ösen, die es im Bastelfachgeschäft gibt) zum Einsatz kommen. Erhältlich sind diese Verziermaterialien überall dort, wo es Material zum Basteln von Karten und Scrapbooks (selbst gestaltete Fotoalben) gibt. Auch hierbei sind der Fantasie kaum Grenzen gesetzt, da sich zu fast jedem Gestaltungsmotiv, ob Blumen, Figuren oder Farbgestaltungen, auch entsprechende Applikationen finden lassen.

Material/Werkzeug
Sticker, Eyelets
Eyelet-Tool
Musterbeutelklammern mit Verzierungen

Farben und Kreiden

Viele Bastelartikel, die eigentlich für andere Basteltechniken konzipiert sind, lassen sich hervorragend auch für die Gestaltung von Rezeptkarten verwenden. Dazu gehören 3D-Lack, mit dem Motive für dreidimensionale Effekte bemalt werden, aber auch Seidenmal- und Acrylfarben, mit denen man sich das für eine ganz individuelle Gestaltung passende Papier zaubern kann. Außerdem kann man mit Stempeln und Stempelfarbe, aber auch mit Kreiden arbeiten. Für die Arbeit mit Kreiden benötigt man allerdings zusätzlich entsprechendes Fixierspray, z. B. Marabu-Fixativ, um die Kreide zu fixieren und die Karten zu schützen.

Material/Werkzeug
3D-Lack
Seidenmalfarben (Marabu-Silk)
Acrylfarben
Kreiden (engl. Chalks)
Fixierspray (Marabu-Fixativ)

Laminieren

Wer sich viel Mühe beim liebevollen Gestalten von Rezeptkarten gegeben hat, möchte seine kleinen Kunstwerke natürlich so gut wie möglich vor Beschädigung und Verschmutzung schützen. Ganz besonders wichtig ist es, die Rezeptkarten so zu schützen, dass sie auch im harten Kücheneinsatz nicht verunreinigt werden. Dies erreicht man mit verschiedenen Arten von Laminier- oder Bucheinbindefolie (mehr dazu siehe Seite 8 – Laminieren ohne Laminiergerät).

Material/Werkzeug
Laminierfolie
Bügeleisen
Bucheinbindefolie

Modellieren und Stempeln

Modelliermassen und -formen bringen ganz besondere Effekte auf die Rezeptkarten. Stempel und Stempelkissen sorgen für schöne Hintergrundpapiere und lassen sich auch sonst vielfältig einsetzen. Mithilfe eines Trennungsmittels bei der Arbeit mit Modelliermassen und -formen entstehen interessante Oberflächeneffekte und glänzenden Strukturen. Im Bastelfachhandel ist dieses Trennungsmittel unter Pearl Ex erhältlich. Als Trennmittel ist auch Babypuder einsetzbar, allerdings sind dabei die Effekte und Strukturen nicht sehr stark ausgeprägt.

Material/Werkzeug
Modellierformen
Pearl Ex
Fimo
Modelliermasse
Stempel
Stempelkissen

Tipp

Auch im Haushalt finden sich viele nützliche Utensilien, die zum Basteln geeignet sind. So dient zum Beispiel Frischhaltefolie (siehe Seite 12 – Serviettentechnik mit Freezerpapier) als Bastelmaterial, ein Bügeleisen zum Einsatz für das Laminieren und Babypuder als Trennmittel bei der Arbeit mit Modelliermasse.

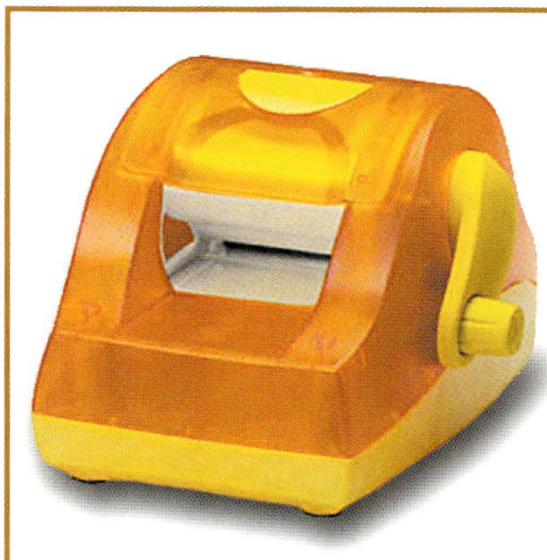

Xyron 510

Dieses Gerät ist eigentlich ein „Vier-in-einem-Multitalent"; denn die vier verschiedenen Kassetten, die es zum Gerät gibt, machen es extrem vielseitig. Je nachdem, welche Kassette verwendet wird, kann man Fotos und andere Bilder mit einer permanenten oder wieder ablösbaren Klebeschicht versehen, ein- oder beidseitig laminieren oder magnetisieren.

Xyron X2

Dieses Gerät klebt einfach und schnell. Dafür wird einfach die Kleberfläche über die zu beklebende Fläche abgerollt – fertig. Der Klebstoff klebt schnell und sauber, ist geruchslos und lösungsmittelfrei. Geeignet ist er für alle Papiere und Pappen. Der Austausch der Kleberkassette ist ganz einfach – die alte Kassette herausnehmen, die neue in das Gerät hineingleiten lassen. Fertig.

Laminieren ohne Laminiergerät

Rezeptkarten für den täglichen Gebrauch in der Küche müssen flach gearbeitet und vor Verschmutzungen geschützt und abwaschbar sein. Am einfachsten erreicht man das, indem man die Rezeptkarten laminiert und so in einer Kunststoffummantelung einschließt. Wer ein Laminiergerät besitzt, hält sich dabei einfach an die Gebrauchsanweisung. Was aber, wenn kein Laminiergerät im Haus ist? In diesem Fall gibt es zwei Möglichkeiten: Kalt- und Heißlaminieren.

Kaltlaminieren mit selbstklebender Laminierfolie

Zum Kaltlaminieren benötigt man lediglich selbstklebende Laminierfolie und eine Schere, um die Ränder der Folie nach dem Bekleben zu beschneiden. Die Folie gibt es in jedem Bastelfachgeschäft oder auch im Schreibwarenhandel. Die verwendete Schere sollte für gerade Ränder nicht zu klein und natürlich scharf sein.

1. Da die Laminierfolie recht teuer ist, sollte man entweder zwei Karten gleichzeitig laminieren oder die Folie in der Mitte durchschneiden. Dabei allerdings darauf achten, dass die Folie groß genug für die Rezeptkarte bleibt und noch genügend große Ränder um die Karten bleiben.

2. Zunächst die Laminierfolie aufklappen und die Schutzfolie auf der Innenseite entfernen. Die Rezeptkarte dann auf die klebende Fläche legen und andrücken. Nun die obere Seite der Folie auf die Rezeptkarte klappen und ebenfalls fest drücken. Mit einem weichen Tuch lassen sich vorsichtig eventuell vorhandene Lufteinschlüsse und Blasen nach außen wischen.

3. Die Rezeptkarte so ausschneiden, dass ein schmaler Folienrand um die gesamte Karte stehen bleibt. Dieser Folienrand sorgt dafür, dass keine Feuchtigkeit an die Rezeptkarte gelangen kann.

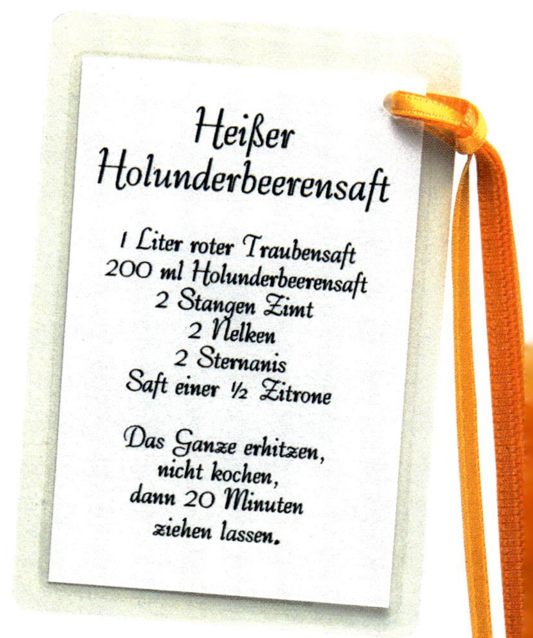

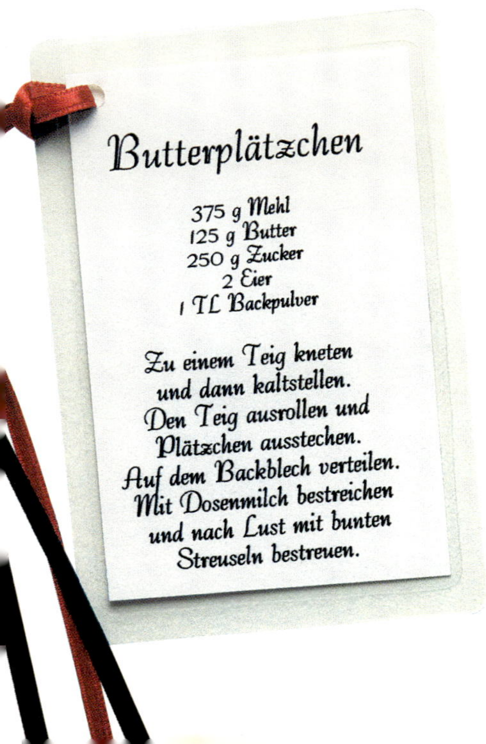

Heißlaminieren mit Folie für Laminiergeräte

Bei dieser Technik wird die Folie nicht einfach verklebt, sondern mit dem Bügeleisen erhitzt, um den auf der Folie befindlichen Klebstoff zu verflüssigen. Lässt man die Folie nach dem Erwärmen wieder erkalten, härtet der transparente Klebstoff wieder aus. Zum Schutz der Laminierfolien, die speziell für den Einsatz im Laminiergerät gedacht sind, ist beim Aufbügeln auf jeden Fall Backpapier nötig.

1. Im ersten Schritt zwei Rezeptkarten nebeneinander in die Laminierfolie einlegen. Darauf achten, dass zwischen den beiden Karten genügend Abstand ist und jede der Karten zum Schluss noch einen genügend großen Folienrand hat. Dann die Laminierfolie nach dem Auflegen der Karten zusammenklappen.

2. Nun die Laminierfolie zwischen zwei Bögen Backpapier legen und mit dem Bügeleisen (Einstellung „Baumwolle") erhitzen, bis die beiden Laminierfolien aneinander haften. Die Folie danach umdrehen und die Rückseite ebenfalls bügeln.

3. Nach dem Erkalten der Folie die Rezeptkarte schmalkantig ausschneiden. Auch hier soll wie beim Kaltlaminieren ein ausreichender Folienrand stehen bleiben. Der Rand ist notwendig, damit über die Kanten keine Feuchtigkeit an die Rezeptkarte gelangen kann.

Sticker selber machen

Gerade bei kleinen Verzierungen aus Papier ist es schwierig, die exakt richtige Menge Klebstoff aufzutragen, denn die kleinen Papierschnipsel müssen zwar gut kleben, der Klebstoff darf jedoch weder durch das Papier hindurch gedrückt werden, noch an den Rändern herausquellen. Um kleine Papierverzierungen akkurat selbstklebend herzustellen, gibt es ein spezielles, ganz einfach zu bedienendes Gerät – den Stickermaker.

Das Xyron Quick Sticker-Gerät (Xyron X150) ist extrem leicht zu bedienen und verwandelt kleine Drucke, Stempelabschnitte, Bänder usw. im Handumdrehen in Aufkleber. Je nachdem, welche Nachfüllkassette dafür verwendet wird, ist der Klebstoff entweder permanent klebend oder wiederablösbar.

Bild 1
Kleine Papierteile, die als selbstklebende Sticker verwendet werden sollen, werden mit der Oberseite nach oben in das Gerät eingelegt.

Bild 2
Im nächsten Schritt wird der an der rechten Seite des Geräts sichtbare Papierstreifen so weit herausgezogen, bis der selbst gemachte Sticker vollständig sichtbar ist.

Tipp

Mit dampffixierbarer Seidenmalfarbe lassen sich Sticker in kleine Kunstwerke verwandeln. Der Untergrund sollte dabei allerdings weiß sein, da diese Farben transparent sind und sich sonst ungewollte Mischfarben ergeben können.

Bild 3
Den Papierstreifen anschließend vorsichtig abreißen oder auch abschneiden. Der neue Sticker kann nun einfach vom Trägerstreifen abgezogen und aufgeklebt werden.

Papiere mit der Serviettentechnik

Mit Hilfe der Serviettentechnik lassen sich sehr schnell hübsche Hintergrundpapiere für jeden Anlass gestalten. Die Verarbeitung von Serviettenmotiven ist kinderleicht und wird in der folgenden Schritt-für-Schritt-Anleitung ausführlich erklärt. Durch die Vielfalt der im Handel erhältlichen Motive ist es ganz einfach, für jede Art von Rezept das passendes Bild zu finden.

Bild 1
Die erste Abbildung zeigt die für die Serviettentechnik benötigten Grundmaterialien.

Bild 2
Im ersten Arbeitsschritt die Karteikarte gleichmäßig mit Serviettenkleber bestreichen. Danach den Kleber auf der Karteikarte gut trocknen lassen.

Bild 3
Die obere, bedruckte Lage der Serviette nun abziehen und mit der bedruckten Seite nach oben auf die Karteikarte legen. Darüber Backpapier platzieren und bei Einstellung Baumwolle aufbügeln.

Bild 4
Zum Schluss die noch überstehenden Ränder der Serviette exakt abschneiden.

Grundmaterial

- Karteikarte
- Serviette
- Backpapier
- Marabu-Servietten-Lack & Kleber
- Bügeleisen
- Schere

Tipps & Tricks

Natürlich kann man die Servietten auch einfach aufkleben, das Aufbügeln hat jedoch einige Vorteile. Die Serviette wird einerseits richtig glatt und reißt nicht, andererseits wellt sich die Karteikarte nicht. Geeignete Kleber zum Aufbügeln erkennt man meist daran, dass es sich um dickflüssige, weiße Klebstoffe handelt. Man kann also sogar Holzleim dafür verwenden. Trotzdem sollte man mit jedem neuen Kleber zuerst einen Test machen, ob er auch zu den gewünschten Ergebnissen führt.

Klassische Serviettentechnik

Sektkuchen

Schnell gemacht ist diese Rezeptkarte für den Sektkuchen. Der Text wird auf silbernes Tonpapier gedruckt oder geschrieben und anschließend einfach ausgerissen und aufgeklebt.

Material

Karteikarte
Serviette mit Rosenmotiv
Tonpapier in Rosa

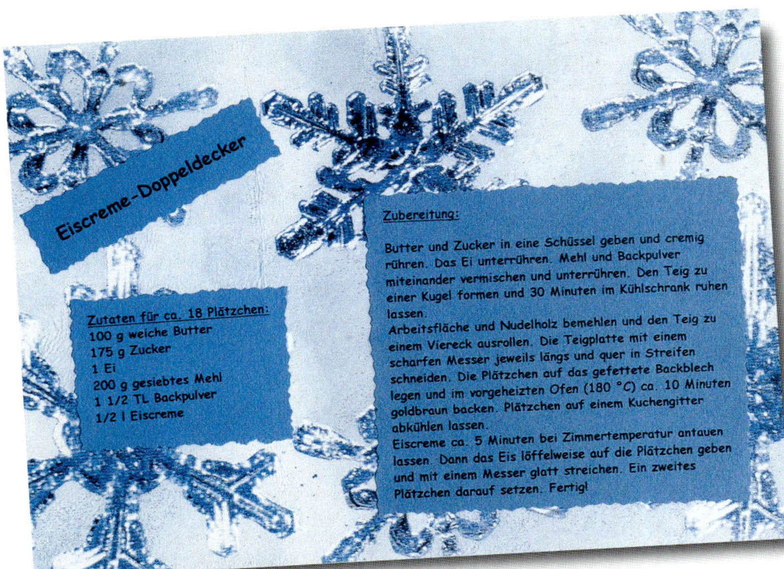

Eiscreme-Doppeldecker

Zusätzliche Effekte erhält man bei der Verzierung von Papieren durch die Verwendung einer Motivschere. In diesem Fall wurde mit einer Büttenrandschere gearbeitet.

Material

Karteikarte
Serviette mit Eisblumenmotiv
Tonpapier in Blau
Motivschere (Büttenrandschere)

Blaubeerkuchen

Eine Serviette, mit der ein „Serviettentechniker" normalerweise nicht allzu viel anfangen kann, dient bei dieser Karte als Hintergrund. Verziert mit Motivteilen und gestempelten Buchstaben wird daraus eine besonders ausgefallene Rezeptkarte.

Material

Karteikarte, Serviette
Stempel (Buchstaben)
Stempelkissen

Serviettentechnik mit Freezerpapier

Durch das Freezerpapier erhält das Serviettenbild so viel Stabilität, dass auch kleinste Details des Motivs problemlos ganz exakt ausgeschnitten werden können. Alternativ zum Freezerpapier kann auch Frischhaltefolie oder Papier, welches zur Abdeckung von Gebäck und Kuchen verwendet wird, eingesetzt werden.

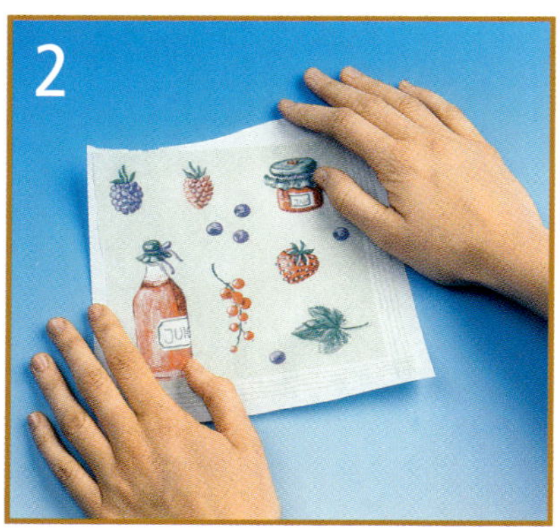

Bild 1
Die Abbildung zeigt die Materialien, welche für die Serviettentechnik mit Freezerpapier benötigt werden.

Bild 2
Die obere Lage der Serviette abtrennen und mit der bedruckten Seite nach oben auf die beschichtete Seite des Freezerpapiers legen.

Bild 3
Anschließend Freezerpapier und Serviette zwischen zwei Lagen Backpapier legen. Am Bügeleisen die Stufe „Baumwolle" einstellen und die Serviette auf das Papier aufbügeln. Danach gut auskühlen lassen.

Bild 4
Zum Schluss das Backpapier entfernen und das Serviettenbild sorgfältig ausschneiden.

Grundmaterial

- Serviette
- Freezerpapier
- Bügeleisen
- Schere
- Backpapier

Tipps & Tricks

Das Arbeiten mit Frischhaltefolie hat einige Vor- und Nachteile. Vorteil ist, dass in einem zweiten Bügelgang das Bild auf den Untergrund aufgebügelt werden kann. Nachteilig ist, dass die hier gezeigte Technik nicht mit jeder Frischhaltefolie funktioniert und das Serviettenbild dann nicht richtig auf der Frischhaltefolie haftet. Bei Arbeiten mit Frischhaltefolie am besten zuvor mit einem Rest Serviette ausprobieren.

Filigrane Serviettenmotive

Linzertorte

Wer einen Computer samt Drucker besitzt, kann das Rezept direkt auf den Tonkarton ausdrucken. Natürlich lässt es sich genauso auch mit schöner Schrift aufschreiben. Anschließend muss nur noch das Serviettenbild aufgeklebt werden.

Material

Tonkarton in Moosgrün
Serviette
Frischhaltefolie

(Linzertorte Rückseite)

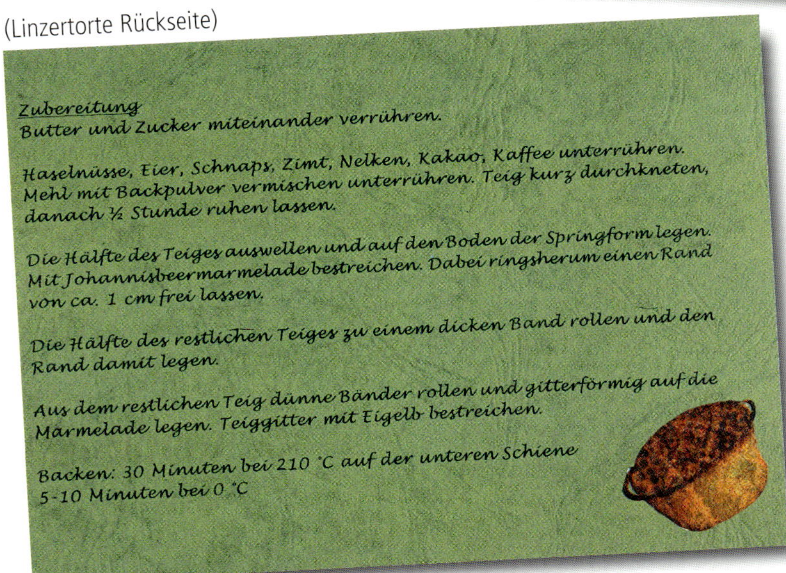

(Blätterteiggebäck mit Quark Rückseite)

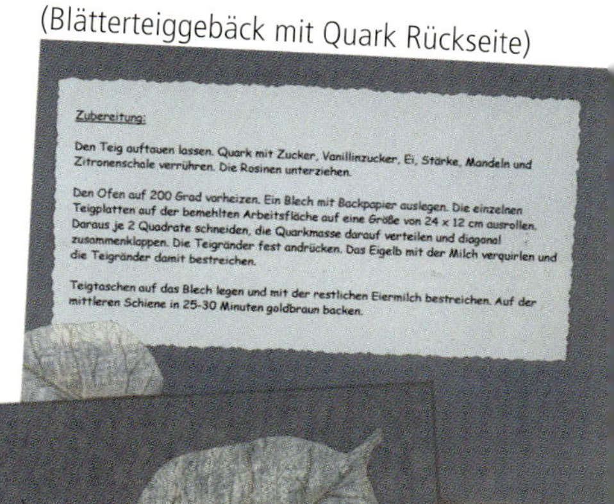

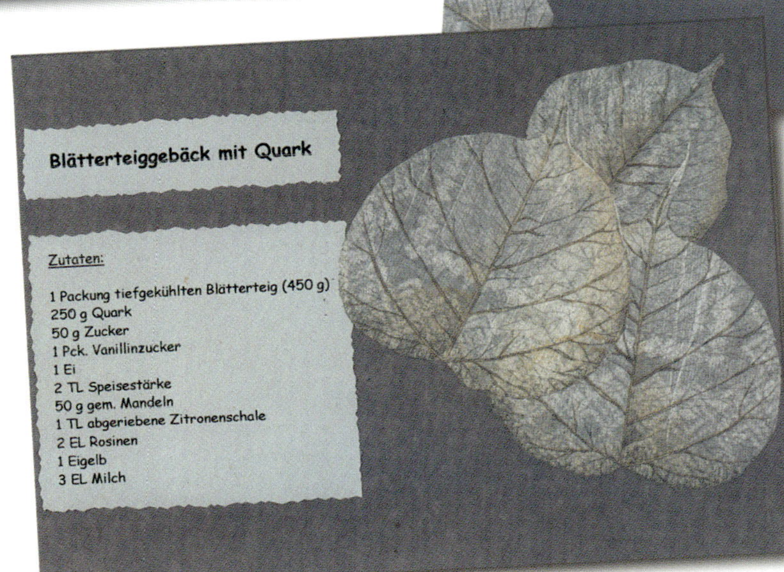

Blätterteig

Für diese Karte wurde Frischhaltefolie verwendet. So bleibt das Motiv leicht transparent und wirkt besonders leicht und luftig.

Material

Tonkarton in Grau
Tonpapier in Hellgrau
Serviette
Frischhaltefolie
Motivschere

Zusätzliche Verzierungen

Sauerkrautsuppe

von Ina-Maria Hinzmann
Zusätzlich zu den ganz klassisch hergestellten Serviettenmotiven erzeugt hier ein aufgeklebter Mini-Salatkopf auf der Rezeptkarte einen ganz besonderen Blickfang.

Material

Tonkarton in Gelb
Serviette mit Gemüsemotiv
Freezerpapier
Minisalatkopf

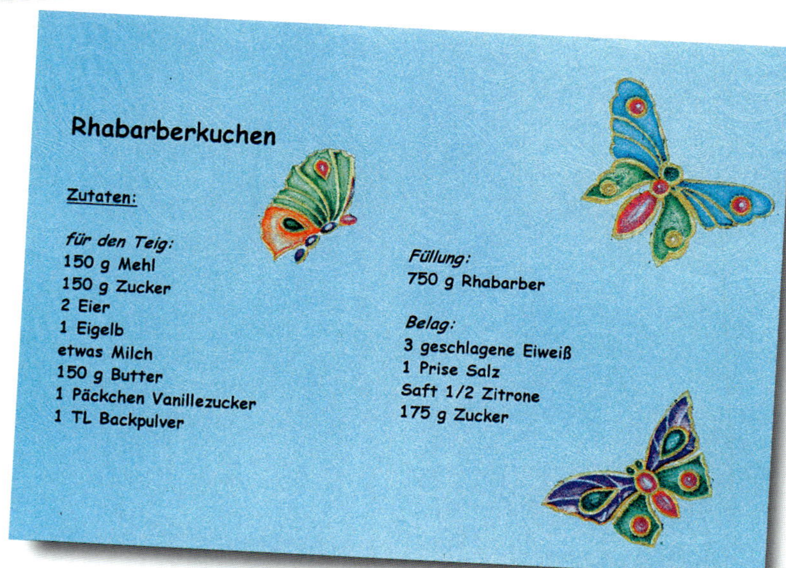

Rhabarberkuchen

Hier wird das Rezept direkt auf den Tonkarton gedruckt. Die Schmetterlinge lassen sich im Handumdrehen aus den Servietten ausschneiden und aufkleben.

(Rhabarberkuchen Rückseite)

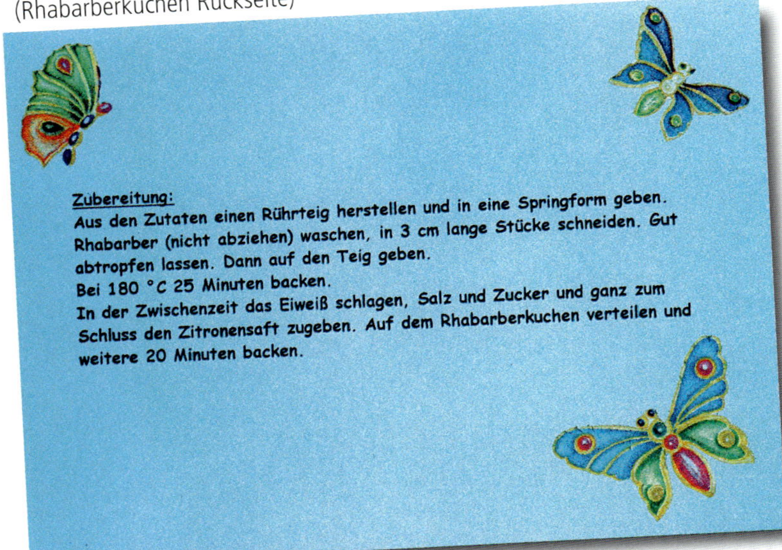

Material

Tonkarton in Hellblau
Serviette mit Schmetterlingen
Freezerpapier

Auch auf der Rückseite der Rezeptkarte fliegen Schmetterlinge rund ums Rezept und sorgen für Frühlingsstimmung.

Liebevolle Details

Gemüsekuchen

von Carol aus Texas

Das Arbeiten mit Servietten geht so schnell und problemlos, dass der Kopf für kleine, liebevolle Details frei bleibt. Bei dieser Rezeptkarte wird ein geprägtes Ornament auf ausgerissenes Papier geklebt, so dass es dadurch wie eine Blume wirkt.

Material

Tonkarton in Beige, Tonpapier in Creme
Servietten, Serviettenkleber
Prägewerkzeug
Schablone
Seidenpapier in Grün und Orange
Buntstifte

Diese Rezeptkarte eignet sich ausgezeichnet zum Verschicken als Kartengruß. Denn auf der Vorderseite der Rezeptkarte grüßt auch gleich der „Serviettenkoch".

Gemüsekuchen

Zutaten:
Für den Teig:
250 g Weizenvollkornmehl
125 g Margarine
1TL Meersalz
2 EL kaltes Wasser

Für den Belag:
250 g gehackte Zwiebel
2 EL Öl
250 g Champignons, in Scheiben geschnitten
1/2 Bund Petersilie, gehackt
Kräutersalz, Pfeffer, Muskat nach Geschmack
4 Tomaten, in Scheiben geschnitten
125 g Tofu
4 EL Haferflocken
1 TL Senf
Salz

Zubereitung:

Alle Teigzutaten zu einem Mürbeteig verarbeiten und kühl stellen.

Eine gefettete runde Springform mit dem Teig auslegen und einen Rand hochziehen. Die Zwiebeln im Öl andünsten, Champignons, Petersilie und Gewürze dazugeben. Abschmecken und auf dem Teig verteilen. Die Tomaten drauflegen, salzen und pfeffern. Tofu in einem Mixaufsatz oder mit dem Zauberstab mit 2 EL Wasser, Hefeflocken, Öl, Senf, Salz und Pfeffer würzen und auf den Tomaten verteilen. Bei 200 °C ca. 30 Minuten backen.

(Gemüsekuchen Rückseite)

Chalks – Verzierungen mit Kreide

Chalk ist der englische Begriff für Kreide. Diese Bastelkreide wird in fester, zusammengepresster Form in kleinen Sets angeboten. Man kann sie ganz einfach mit einem Schwamm, der als Applikator dient, oder einem Wattebausch entnehmen. Zur Fixierung der Kreiden wird ein geeignetes Fixierspray verwendet, da diese sich sonst leicht von der Papieroberfläche ablösen würden.

Bild 1
Zum Basteln mit Chalks benötigt man neben den Bastelkreiden nur Papier, einen Applikator oder Wattebausch und Fixierspray.

Bild 2
Das Rezept aufschreiben bzw. aufdrucken und grob ausreißen. Dabei darauf achten, dass das Papier nach oben gerissen wird. So entstehen schöne Reißkanten, die sich gut einfärben lassen.

Bild 3
Mit dem Applikator Farbe aufnehmen und über das Papier reiben. Die Reißkanten nehmen dabei mehr Farbe an als das restliche Papier. Dadurch erscheinen die Kanten später dunkler.

Bild 4
Das Papier mit Fixierspray besprühen und trocknen lassen.

Grundmaterial

- Papier
- Chalks
- Marabu-Fixativ

Tipps & Tricks

Alternativ zum Applikator lassen sich auch Wattebäusche und Kosmetikschwämme verwenden. Ist kein Applikator zur Hand, kann die Farbe auch mit den Fingern verrieben werden. Pastellkreiden in Stiftform sind ebenfalls geeignet, allerdings die Kreide dann zuerst auf ein Stück Papier reiben und dann mit einem Applikator aufnehmen.

Verzierungen mit Chalks

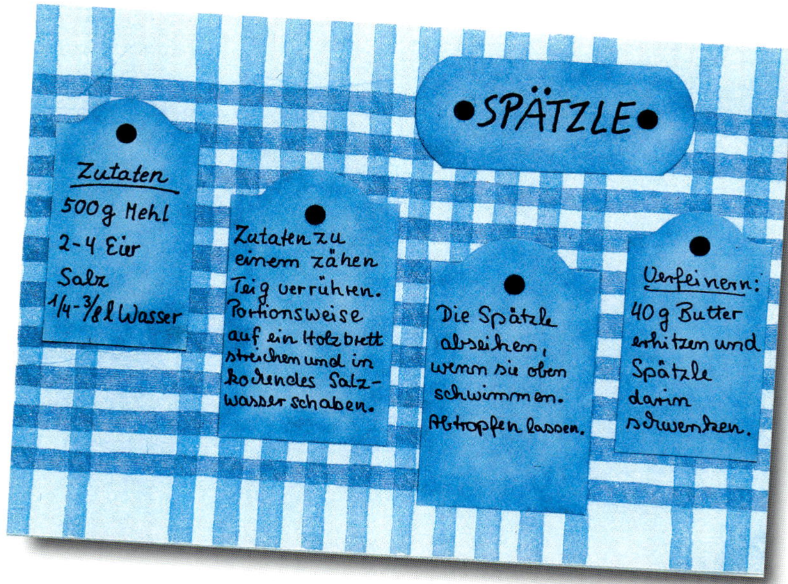

Spätzle

Tags (Anhänger) aus Papier oder Pappe lassen sich einfach mit Chalks einfärben. Kleine Kreise, die mit einem Bürolocher ausgestanzt werden, deuten optisch eine Befestigung der Tags an – in Wirklichkeit sind diese „Befestigungen" natürlich nur Zierelemente.

Material

Karteikarte
Serviette mit Streifenmotiv
Tonpapier
Tags (Anhänger)
Bürolocher
Chalks, Marabu-Fixativ

Gemischter Salat Pyrmonter Art

Der ausgerissene Text wurde mit Chalks farblich passend zu den Marienkäfern eingefärbt.

Material

Karteikarte
Serviette mit Marienkäfer
Druckerpapier
Chalks
Marabu-Fixativ

Erdbeermilch

Durch die Reißtechnik, bei der raue Abrisskanten an den Papierrändern entstehen, nimmt das Papier dort mehr Farbe an und erscheint dunkler.

Material

Karteikarte
Serviette mit Erdbeermotiv
Druckerpapier
Chalks
Marabu-Fixativ

Xelas Rezeptsammlung

von Alexandra Stangl

Die Rezepte sind auf 220 g Papier gedruckt, die Serviettenmotive auf Freezerpapier bzw. Bügelvlies aufgebügelt, ausgeschnitten und auf die Rezeptkarten geklebt. Mit den Kreidefarben werden die Hintergründe gestaltet. Dafür einfach nur die Farbe mit einem trockenen Schwämmchen aufwischen und mit Fixierspray fixieren.

Einzelne Bilder können aus Tapetenstücken ausgeschnitten und mit Klebstoff fixiert werden.
Um aus den einzelnen Rezeptkarten ein Buch zu machen, an vorher markierten Stellen Ösen in die Karten schlagen und diese mit einem farblich passenden Bändchen zusammenbinden.

Grundmaterial

- Artistic Blending Chalks (Kreidefarben)
- Servietten, verschiedene Motive
- Freezepapier
- Bügelvlies
- Stempel, Stempelkissen
- Tapetenstücke
- Marabu-Fixativ
- Fotoleim
- Tortenspitze
- Ösen
- Schleifenband

Chalks, Servietten und Freezerpapier

Xelas Tiramisu

Für diese Karte werrden Serviettenbilder auf Freezerpapier gebügelt, ausgeschnitten und aufgeklebt. Zusätzlich Tortenspitze (Tassenuntersetzer) mit Chalks einfärben und befestigen.

Material

Karteikarte
Servietten mit Pralinenmotiv
Freezerpapier
Chalks, Tortenspitze
Ösen, Marabu-Fixativ

Xelas Zitronenparfait

Auch hier wird mit Serviettenbildern und Freezerpapier gearbeitet. Als besonderes Highlight bekommt die Karte noch einen kleinen Strassstein aufgeklebt, der nun bei Lichteinfall aufblitzt.

Material

Karteikarte
Servietten
Freezerpapier
Chalks
Strassstein
Ösen, Marabu-Fixativ

Xelas Kürbiskernmus

Eine einfache, aber wirkungsvolle Variante: Servietten auf Freezerpapier bügeln, ausschneiden und aufkleben. Anschließend die Karteikarte mit Chalks gestalten und Ösen zum Binden einarbeiten.

Material

Karteikarte
Servietten mit Kürbismotiv
Freezerpapier
Chalks
Ösen
Marabu-Fixativ

Designs mit Chalks

Lebkuchentunke

von Ina-Maria Hinzmann

Den Text auf die Karteikarte drucken oder schreiben. Anschließend die Karteikarte bestempeln und mit den Stiften ausmalen. Nun die Lebkuchenmännchen ausstanzen und auf Haftkissen kleben. Den Hintergrund mit Chalks gestalten und die Kreide fixieren. Zum Schluss die Lebkuchenmännchen aufkleben.

Material

Karteikarte
Motivlocher Lebkuchenfigur
Stempel
Stempelkissen
Buntstifte
Chalks
Haftkissen
Marabu-Fixativ

Bierkaltschale

von Ina-Maria Hinzmann

Den Text auf eine Karteikarte drucken oder schreiben, die Karteikarte bestempeln und mit Buntstiften ausmalen. Die Brote zusätzlich auf ein Stück Tonkarton stempeln, ausmalen, ausschneiden und auf Haftkissen kleben. Den Hintergrund mit Chalks gestalten, die Kreide anschließend fixieren. Zum Schluss die Brote aufkleben.

Material

Karteikarte
Stempel, Stempelkissen
Buntstifte, Chalks
Haftkissen
Marabu-Fixativ

Feines mit Chalks

Zitronenlimonade

Den ausgerissenen Text mit Chalks farblich passend zu der Zitrone einfärben. Durch die Reißtechnik nehmen die gerissenen Kanten mehr Farbe an und erscheinen dunkler. Zum Abschluss die Kreiden mit Fixierspray besprühen.

Material

Karteikarte
Serviette mit Zitronenmotiv
Druckerpapier
Marabu-Fixativ
Marabu-Servietten-Lack & Kleber

Weinschaumtorte

Der Hintergrund der Rezeptkarte wird mit der Serviettentechnik gestaltet. Den Text auf weißes Papier übertragen, das Textfeld ausreißen und mit einem Wattebausch Chalks in passenden Farben darüber reiben. Die Kreide fixieren und das Textfeld aufkleben.

Material

Karteikarte
Serviette mit Weinlaubmotiv
Marabu-Servietten-Lack & Kleber
Druckerpapier
Chalks
Marabu-Fixativ

Kreativ mit Lochern

Die meisten Bastler kennen sicher die praktischen Motivlocher, die man für alle möglichen Bastelarbeiten mit Papier verwenden kann. Es gibt sie in vielen unterschiedlichen Formen und Größen, wobei die einfachen Formen meist am flexibelsten einsetzbar sind. Dieses Kapitel zeigt einige ganz neue Anregungen, was man mit den gestanzten Motiven alles machen kann.

Bild 1
Für die Bastelarbeit mit Lochern können alle möglichen Papiersorten verwendet werden. Je größer die Auswahl, desto besser.

Bild 2
Alle Einzelteile laut Abbildung auslochen. Dann das Gesicht und die weiteren Details aufmalen.

Bild 3
Die Kleidung laut Abbildung auf den Körper kleben. Anschließend die Haare auf dem Kopf anbringen. Die Zöpfe (Blätter) von hinten ankleben.

Bild 4
Zum Schluss noch die einzelnen Teile zusammenkleben und alles gut trocknen lassen.

Grundmaterial

- Locher
- Tonpapier
- gemustertes Papier
- ausgestanzte Teile
- Kleber
- Pinzette
- Prägestift

Tipps & Tricks

Besonders viel Spaß macht es, ganz eigene Ideen bei der Arbeit mit Lochern zu entwickeln. Am einfachsten ist dies, wenn man mit den vorhandenen Lochern weißes Papier ausstanzt und die Motive einfach zusammen- und untereinander schiebt, bis neue Figuren entstehen.
Schlichte Lochermotive wie Kreise, Vierecke, Wolken, Sterne, Herzen und einfache Blumenformen sind dabei am besten geeignet.

Lustige Lochermotive

Sauerkraut-Möhren-Salat

Mit ein paar Strichen mit einem schwarzen Filzstift wirkt diese Rezeptkarte wie ein Holzschild.

Material

Tonkarton in Braun
Tonpapier in Beige, Weiß, Sonnengelb, Grün, Rot und Dunkelrot
Motivlocher Blume, mittel
Motivlocher Blume, klein
Motivlocher Margerite
Bürolocher
Motivschere Büttenrand
Filzstift in Schwarz

Aschenkuchen

Ausgestanzte Herzen in verschiedenen Größen und verschiedenfarbigen bzw. gemusterten Papieren lockern diese Rezeptkarte auf.

Material

Tonkarton in Weiß
Tonpapier in Dunkelgrün und Hellgelb
Little Sizzix Papier
Motivlocher Herz, klein
Motivlocher Herz, mittel
Motivschere Büttenrand

(Aschenkuchen Rückseite)

Tipps

Werden die Locher einmal stumpf, locht man mehrmals hintereinander Sandpapier oder Alufolie. So werden die Stanzer wieder scharf und es lässt sich problemlos weiterarbeiten.
Die Little Sizzix Papiere wirken nach der Verarbeitung oft wie Stoffe. Daher eignen sie sich ganz besonders gut, um Figuren „anzukleiden".

Raffinierte Klappkarte

Kalter Hund

von Christina Biller

Klappt man den Hundekopf hoch, erscheint darunter das Rezept. Die kleinen Schleifchen auf den Ohren bestehen aus jeweils zwei kleinen Herzen und einem mit einem Bürolocher ausgestanzten Kreis.

Material

Tonkarton in Dunkelbraun
Tonpapier in Braun, Weiß, Schwarz und Rot
Motivlocher Kreis, mittel
Motivlocher Oval, groß
Motivlocher Herzen, klein
Bürolocher
Stempel
Stempelkissen in Braun

Tipps & Tricks

Manchmal bleibt das Papier einfach im Locher stecken. In diesem Fall den Locher samt Papier für kurze Zeit in das Gefriergerät legen. Anschließend lässt sich das Papier meist problemlos entfernen. Aber Vorsicht: Das Metall wird dabei so kalt, dass man sich daran verletzen kann!

Legt man die Motivteile auf eine Moosgummiplatte und reibt mit einem Löffelstiel oder ähnlichem darüber, biegen sie sich nach oben. So erreicht man schnell und ohne großen Aufwand dreidimensionale Effekte.

(Klappkarte Innenteil aufgeklappt)

Figuren aus Punchies

Ameisenkuchen vom Blech

Schwer zu schleppen haben diese lustigen Ameisen, die aus einfachen Lochermotiven zusammengesetzt werden.

(Ameisenkuchen Rückseite)

Material

Tonkarton in Braun
Tonpapier in Dunkelgrün, Hellgelb, Gelb, Schwarz, Weiß und Beige
Motivlocher Ei, mittel
Motivlocher Kreis, mittel
Motivlocher Kreis, klein
Bürolocher
Filzstift in Schwarz
Motivschere Büttenrand

Tipps & Tricks

Neue Locher sind oft sehr schwergängig. In diesem Fall etwas Kriechöl (Nähmaschinenöl) auf die Stanzfläche geben, einwirken lassen und wegwischen. Dann solange Papierreste ausstanzen, bis das Papier keine Ölflecken mehr aufweist. Als Kleber lässt sich Serviettenkleber in winzigen Mengen verwenden. Vorsichtig mit einem Zahnstocher auftragen.

Winterliches Lochermotiv

Schneeflockentorte

von Christina Biller
Auch diese Rezeptkarte lässt sich aufklappen und zeigt so ihr leckeres Geheimnis. Der Hintergrund dieser Karte besteht aus einer Serviette, die mit weißer und silberner Stempelfarbe bestempelt wird. Für den aufklappbaren Teil einen Kreis aus Velourspapier auslochen und ankleben – so entsteht ein besonderer Effekt.

(Schneeflockentorte aufgeklappt)

Material

Karteikarte
Serviette Schneeflockenmotiv
Stempel Schneeflocke
Stempelkissen in Silber und Weiß
Velourspapier in Weiß
Eyelet (Öse) Schneekristall

Tipps & Tricks

Lässt sich dünnes Papier schlecht lochen, wird es einfach zwischen zwei Lagen Drucker- oder Kopierpapier gelegt. So ist es wesentlich leichter zu verarbeiten. Mit Kreide kann man auch auf Motive malen und ganz einfach Schatten und damit optisch einen Tiefeneffekt erzeugen.

Lochermotive neu kombiniert

Fruchtige Käse-Spieße

Diese Mahlzeit würden sich auch die kleinen Mäuse gerne einverleiben, die überwiegend aus ausgestanzten und auseinander geschnittenen Herzen und Kreisen bestehen.

Material

Tonkarton in Grau
Faserpapier in Gelb
Tonpapier in Mittelgrau, Hellgrau, Beige, Schwarz, Weiß und Rosa
Druckerpapier
Marabu-Silk in Krokus
Motivlocher Herz, groß
Motivlocher Herz, mittel
Motivlocher Kreis, mittel
Motivlocher Spirale, groß
Bürolocher

Partysuppe

Viele Gäste sorgen dafür, dass die Party ein voller Erfolg wird. Die Köpfe der Partygäste bestehen jeweils aus einem ausgestanzten, mittelgroßen Kreis, der mit ganz „unmöglichen" Dingen verziert werden kann, wie zum Beispiel die Zöpfe aus ausgestanzten Enten.

Material

Tonkarton in Lila
Tonpapier in Hautfarbe, Schwarz, Braun, Weiß, Rot und Gelb
Marabu-Silk in Himbeere
Motivlocher Kreis, mittel
Motivlocher Füße, mittel
Motivlocher Ente, mittel
Motivlocher Wolke, mittel
Bürolocher, Filzstift in schwarz

Zazikirezept mit Stempeltechnik

Mit Stempeln und etwas Zubehör lassen sich tolle Rezeptkarten zaubern. Dabei hängt die Wirkung nicht nur vom gewählten Motiv, sondern auch vom Untergrund, der Farbe des Stempelkissens und den bevorzugten Farbstiften ab. So können gestempelte Karten sehr zart, sehr rustikal oder auch antik aussehen.

Bild 1
Das hellblaue Blatt mit der Muschelbordüre in Schwarz bestempeln. DIN A5-Blatt in der Mitte platzieren und mit der Stempelkissenfarbe mit einem Schwämmchen einen Umriss wischen. Motive ausmalen.

Bild 2
Das Rezept auf Architektenpapier ausdrucken und die Muscheln und Seesterne von hinten aufstempeln. Stempelabdrücke anschließend trocknen lassen.

Bild 3
Die Stempelbilder mit Wasserfarben bemalen und trocknen lassen. Das fertig gestaltete Rezeptblatt laminieren.

Bild 4
Die Muscheln auf weißes Schrumpfplastik stempeln und mit Kreide-Stempelfarben betupfen. Schrumpfplastik nach Gebrauchsanleitung schrumpfen und die Motive auf Musterbeutelklammern kleben. Hintergrundpapier und Rezept lochen und mit dem Schrumpfmotiv befestigen.

Grundmaterial

- Papier in Hellblau, DIN A4
- Papier in Weiß, handgeschöpft oder ausgefranst, DIN A5
- Transparentpapier
- Stempel Muschelbordüre
- Stempel Seestern
- Stempelkissen in Schwarz
- Stempelfarben Aqua und Lilac
- Wasserfarben
- Chalks (Kreide)
- Schrumpfplastik
- Musterbeutelklammern
- Schwämmchen

Tipps & Tricks

Schrumpfplastik ist in verschiedenen Farben erhältlich. Man bekommt es in Transparent, milchig Weiß, Weiß, Creme, Braun und Schwarz. Damit können ganz unterschiedliche Effekte erzielt werden.

Heiße Stempelmotive

Heißer Kaffee

von Andrea Gomoll
Passend zum Rezept wird diese ursprünglich weiße Karteikarte mit Kaffee eingefärbt und anschließend bestempelt. Zum Abschluss laminieren, so dass sie damit auch richtig „küchentauglich" ist. Durch die Laminierung ist die Karte vor Feuchtigkeit geschützt und abwischbar. Der kleine Anhänger, ebenfalls laminiert, dient als Einkaufsliste.

Material
Karteikarte
Verschiedene Stempel
Stempelkissen
Kaffeesud
Laminierfolie
Schleifenband

Heiße Birnenüberraschung

von Christina Biller
An dieser relativ kleinen Rezeptkarte sieht man, wie vielfältig Stempel eingesetzt werden können. Einerseits kann mit dem Birnenstempel der Hintergrund gestaltet werden, andererseits damit auf Papier gestempelt, das Bild koloriert oder beschriftet, ausgeschnitten und schließlich als Verzierung auf die Karte geklebt werden.

Material
Tonkarton in Grün
Naturpapier
Stempel „Birne"
Stempelkissen in Grün
Stempelfarbe in Gelb, Grün und Braun

Gestempelte Schätze

Piratennudeln

von Beate Bott

Diese Schatzkiste möchte wohl jeder gerne in seinen Besitz bringen. Damit man sofort sieht, wie wertvoll der Inhalt ist, wird das aus der Kiste herausquellende Geschmeide mit Glitter bemalt.

Material

Tonkarton in Dunkelblau
Druckerpapier
Verschiedene Stempel
Stempelkissen
Farbstifte in verschiedenen Farben
Marabu-Fun Liner Glitter in Gold

Süßsaures Pilzragout

von Ina-Maria Hinzmann

Die plastischen Pilze auf dieser Rezeptkarte werden gestempelt, mit Buntstiften ausgemalt, ausgeschnitten und anschließend mit klein geschnittenen Haftkissen auf die Karte aufgeklebt.

Material

Karteikarte
Stempel
Buntstifte
Chalks
3D-Klebeplättchen

Heringshäckerle

von Ina-Maria Hinzmann

Damit hat der Taucher auf der Karte bestimmt nicht gerechnet: so viele Heringe, die alle lieber nicht zu Heringshäckerle verarbeitet werden möchten. Der Hintergrund dieser Karte wurde mit Chalks gearbeitet.

Material

Karteikarte
Verschiedene Stempel
Stempelkissen
Farbstifte in verschiedenen Farbtönen
Chalks

Eine Rezeptkarte als Geschenk

Kokoskugeln

von Susanne Schonlau

Diese Rezeptkarte eignet sich ganz besonders als Mitbringsel oder kleines Geschenk. Möglich wäre es auch, Kokoskugeln zu verschenken und das Rezept als besondere Aufmerksamkeit dazu zu legen. Die gestempelte Tüte ist mit Liebesperlen beklebt und auf dem Holzlöffel befindet sich echte Schokolade mit Kokosraspeln.

Material

Tonkarton in Weiß
Verschiedene Stempel
Stempelkissen, Farbstifte
Kleiner Holzlöffel
Schokolade, Kokosraspeln
Liebesperlen

(Kokoskugeln Innenseite)

Tipps & Tricks

Je nachdem, um was für ein Rezept es sich handelt, bieten sich hier auch andere Lebensmittel zum Verarbeiten an. Wie wäre es zum Beispiel mit italienischen Kräutern für ein Pasta-Rezept oder mit Sternanis für Lebkuchen? Wird der kleine Kochlöffel mit einem wieder ablösbaren Klebstoff aufgeklebt, wird aus der Rezeptkarte gleich ein doppelt nützliches Geschenk. Stempelmotive lassen sich mit ganz unterschiedlichen Farben wie z. B. Buntstiften, Filzstiften, Wasserfarben und Aquarellfarben bemalen. Je nachdem, welche Farben man zum Bemalen verwendet, sollte man darauf achten, dass die Stempelfarbe wasserunlöslich ist.

Asiatische Küche

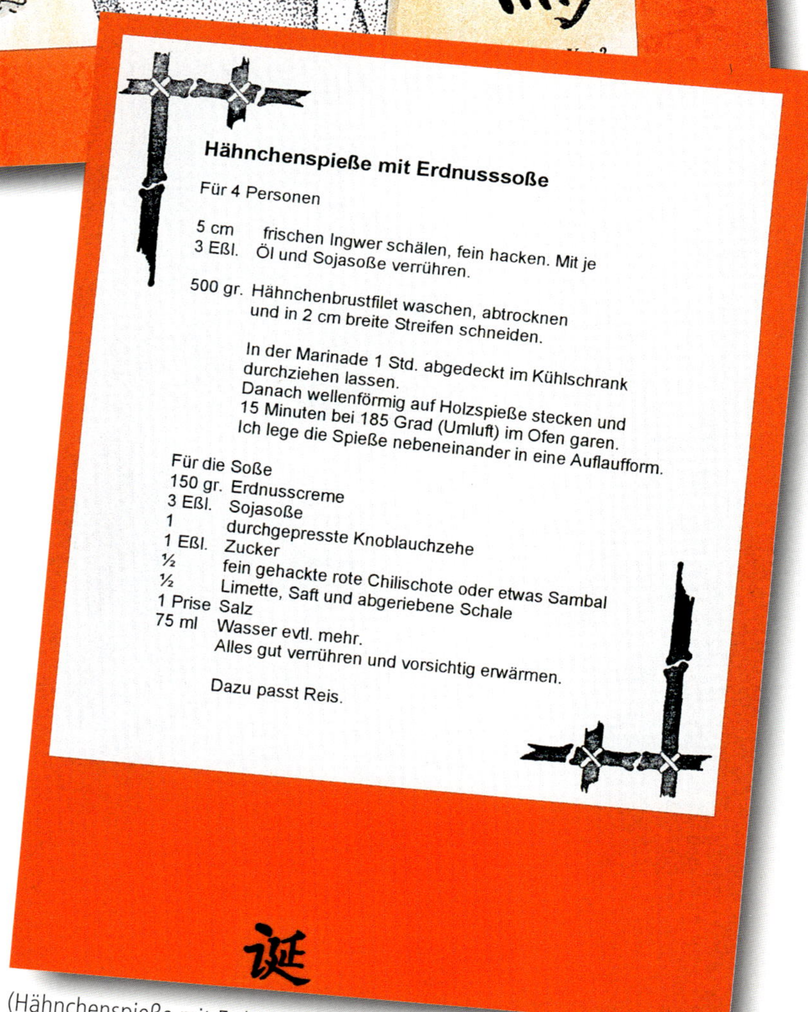

Hähnchenspieße mit Erdnusssoße

Für 4 Personen

5 cm frischen Ingwer schälen, fein hacken. Mit je
3 Eßl. Öl und Sojasoße verrühren.

500 gr. Hähnchenbrustfilet waschen, abtrocknen und in 2 cm breite Streifen schneiden.

In der Marinade 1 Std. abgedeckt im Kühlschrank durchziehen lassen.
Danach wellenförmig auf Holzspieße stecken und 15 Minuten bei 185 Grad (Umluft) im Ofen garen.
Ich lege die Spieße nebeneinander in eine Auflaufform.

Für die Soße
150 gr. Erdnusscreme
3 Eßl. Sojasoße
1 durchgepresste Knoblauchzehe
1 Eßl. Zucker
½ fein gehackte rote Chilischote oder etwas Sambal
½ Limette, Saft und abgeriebene Schale
1 Prise Salz
75 ml Wasser evtl. mehr.
Alles gut verrühren und vorsichtig erwärmen.

Dazu passt Reis.

(Hähnchenspieße mit Erdnusssoße Rückseite)

Hähnchenspieße mit Erdnusssoße

von Beate Bott

Während die Vorderseite dieser Rezeptkarte sehr aufwendig gestaltet wird, ist die Rückseite bewusst ganz schlicht gehalten. Diese Kombination ist sehr schön und passt wunderbar zusammen.

Material

Tonkarton in Rot
Tonpapier in Beige
Verschiedene Stempel
Stempelkissen
Farbstifte

Italienische Wochen

(Penne mit Rucola Rückseite)

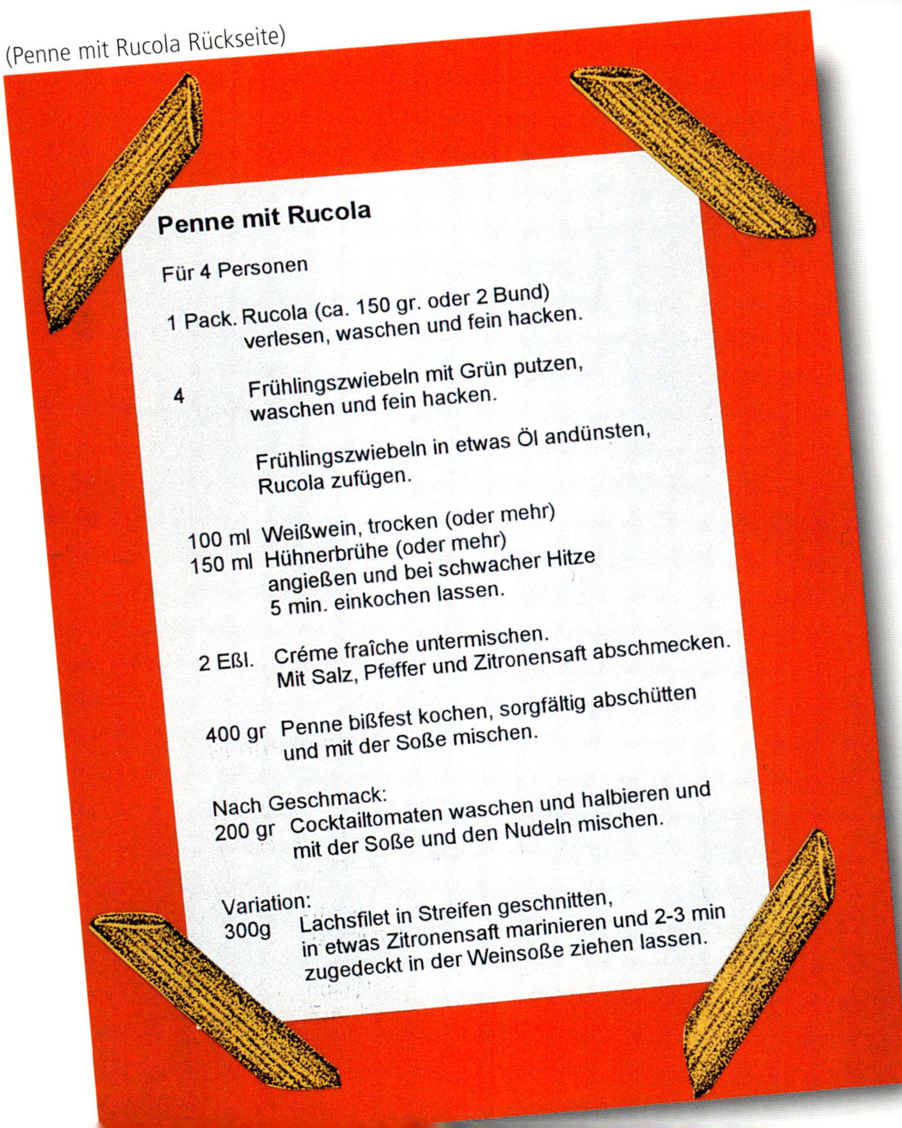

Penne mit Rucola

Für 4 Personen

1 Pack. Rucola (ca. 150 gr. oder 2 Bund)
verlesen, waschen und fein hacken.

4 Frühlingszwiebeln mit Grün putzen,
waschen und fein hacken.

Frühlingszwiebeln in etwas Öl andünsten,
Rucola zufügen.

100 ml Weißwein, trocken (oder mehr)
150 ml Hühnerbrühe (oder mehr)
angießen und bei schwacher Hitze
5 min. einkochen lassen.

2 Eßl. Créme fraîche untermischen.
Mit Salz, Pfeffer und Zitronensaft abschmecken.

400 gr Penne bißfest kochen, sorgfältig abschütten
und mit der Soße mischen.

Nach Geschmack:
200 gr Cocktailtomaten waschen und halbieren und
mit der Soße und den Nudeln mischen.

Variation:
300g Lachsfilet in Streifen geschnitten,
in etwas Zitronensaft marinieren und 2-3 min
zugedeckt in der Weinsoße ziehen lassen.

Penne mit Rucola

von Beate Bott

Bei dieser Rezeptkarte ist die Vorderseite sehr aufwendig gestaltet, die Rückseite dagegen scheinbar schlicht. Allerdings machen gerade die kleinen Details die Rückseite zu etwas ganz Besonderem. Denn die Nudeln, die ausgeschnitten als „Fotoecken" das Rezept an Ort und Stelle halten, wurden zuvor auf Tonpapier gestempelt und koloriert.

Material

Tonkarton in Rot
Tonpapier in Gelb
Druckerpapier
Verschiedene Stempel
Verschiedene farbige Stempelkissen
Kleber
Schere

Kleines Stempelbüchlein

Cuisine

Bei diesem Büchlein handelt es sich um ein so genanntes SB (**S**tempel**b**üchlein). SBs sind kleine, selbst gemachte Hefte im Postkartenformat mit meist vier bis acht Seiten, die von einer Stempelkünstlerin an die nächste weitergegeben werden. Jeder, der das Büchlein bekommt, bestempelt eine Seite und schickt es weiter. Ist das Büchlein schließlich voll, geht es zum Schluss an die eigentliche Empfängerin.

Material

Tonpapier
Serviette
Stempel
Stempelkissen
Schleifenband
Perle
Chalks

Kalter Hund

von Claudia Breidenbach

Für diese Rezeptseite wird der Bärenkoch auf festes Papier gestempelt, bemalt, ausgeschnitten und anschließend mit einem 3D-Klebepad auf die Seite geklebt. Das Rezept ausdrucken und mit einer Motivschere ausschneiden.

Material

Verschieden große Hundestempel
Stempel Schneeflocke
Stempel Bärenkoch
Motivschere
3D-Klebepad
Stempelfarbe in Schwarz und Blau
Farbstifte

Design aus der Savanne

Zebrakuchen

von Christina Biller
Hier passt einfach alles zusammen: Als Untergrund kommt Fotokarton mit Zebramuster zum Einsatz, dazu werden Verzierungen mit dem Zebrastempel angebracht – klar, dass es sich beim Rezept um einen Zebrakuchen handeln muss.

Zebra Kuchen

5 Eier, getrennt
350g Zucker
125ml warmes Wasser
1 Pck. Vanillezucker
1 Pck. Backpulver
375g Mehl
250ml Öl
2EL Kakaopulver
Semmelbrösel
Öl für die Backform
Dunkle und weiße Kuvertüre

Eigelb mit Zucker und Wasser schaumig rühren. Vanillezucker, Backpulver und Mehl mischen und mit dem Öl unterrühren. Eiweiß steif schlagen und unterheben.

ZEBRA

Den Teig halbieren und eine Hälfte mit dem Kakao mischen. Mit einem Schöpflöffel abwechselnd hellen und dunklen in die Mitte einer geölten und bebröselten Springform geben.

60 Min. bei 180°C im vorgeheizten Backofen backen. Auskühlen lassen.

Kuvertüre in 2 Töpfen im Wasserbad schmelzen. Den Kuchen mit weißer Kuvertüre überziehen und in die noch flüssige Schicht dunkle Kuvertüre als Streifen fließen lassen.

Material
Zebrakarton
Zebrastempel
Stempelkissen
Motivschere mit Wellenrand

Tipps

Stempel sollte man nicht dem Sonnenlicht aussetzen, wenn man sie lange benutzen möchte, da sie sonst hart und brüchig werden können. Transparentpapier kann problemlos bestempelt werden. Besonders interessant sieht es aus, wenn das Motiv anschließend mit Embossingpulver behandelt wird.

Stempel, Servietten und Origami

Nordseewellentorte

von Christina Biller

Auf dieser Karte findet man Details, die in ganz unterschiedlichen Techniken gearbeitet sind. So sind die Überschrift, das Seepferdchen und die Muschel gestempelt, der Leuchtturm ist ein Serviettenbild und für das Boot kommt die Origami-Technik zum Einsatz.

Material

Tonkarton in Hellblau
Druckerpapier
Origamipapier
Wellpappe in Blau
Verschiedene Stempel
Stempelkissen in verschiedenen Farben
Serviette mit Leuchtturmmotiv

Klappt man den Leuchtturm zur Seite, findet man dahinter die Zutatenliste. Und in den Segeln ist nachzulesen, wie die Torte zubereitet wird.

(Nordseewellentorte aufgeklappt)

Büchlein aus Anhängern

Eierlikörtorte

von Christina Biller

Aus buntem Karton werden mehrere gleiche Anhänger ausgeschnitten und danach Löcher in die Schmalseite gestanzt. Die Anhänger werden mit einem Draht, der zuvor spiralförmig über einen Stab gewickelt wird, zusammengehalten. Dafür den Anfang der Spirale in das erste Loch fädeln und so lange weiter drehen, bis alle Blätter mit dem Draht verbunden sind. Geschlossen wird das kleine Büchlein mit Schleifenband.

Material

Tonkarton
Chalks
Stempel
Stempelkissen
Schleifenband
Draht

Im Inneren des Büchleins befindet sich das handgeschriebene Rezept. Die einzelnen Seiten sind ebenfalls mit Stempeln verziert.

Märchenhaft

Schneewittchentorte

von Christina Biller

So rot wie Blut, so weiß wie Schnee und so schwarz wie Ebenholz – in diesen Farben wurde das kleine Buch passend zum Rezept der Schneewittchen torte gestaltet.

Material

Tonkarton in Schwarz
Tonpapier in Rot und Weiß
Chalks
Stempel
Stempelkissen
Schleifenband
Draht

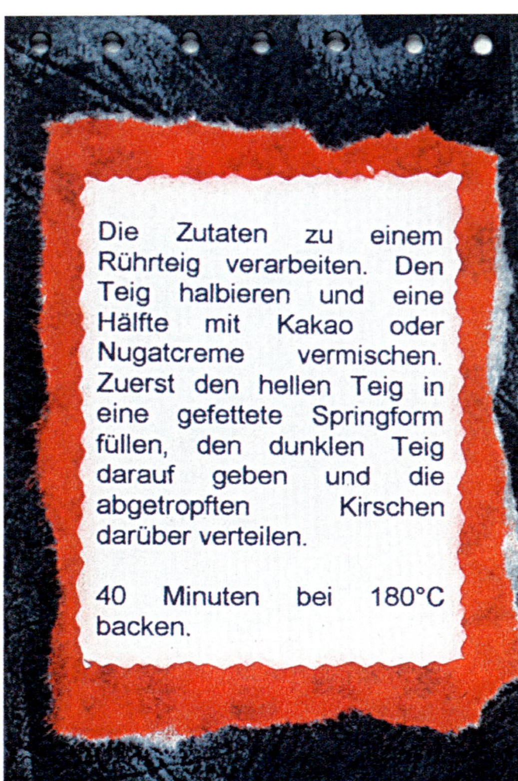

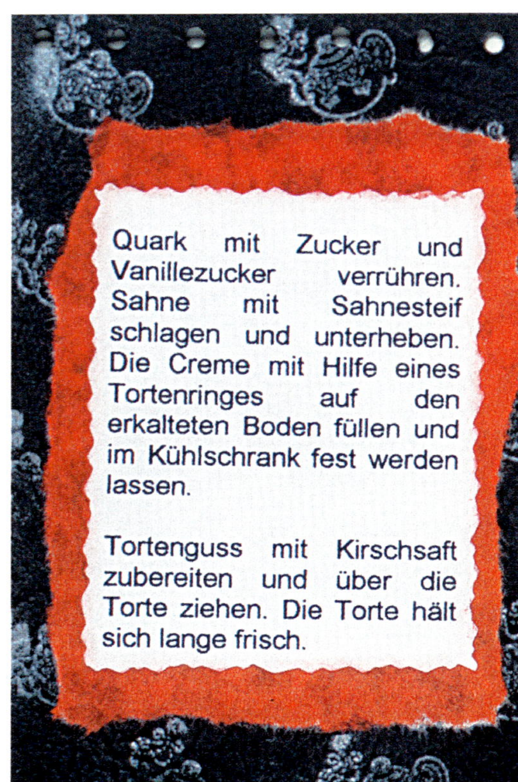

Süßes aus Südamerika

Azteken-Schokoladenkuchen

von Christina Biller

Dieses Buch wird nicht durch die Bändchen zusammengehalten, sondern am Stück ausgeschnitten. Dazu das Papier zuerst der Länge nach durchschneiden und anschließend wie eine Ziehharmonika viermal falten. Dann wird der obere Teil in Form geschnitten. Nun noch auseinanderfalten und fertig ist das Büchlein. Die Bändchen dienen hier lediglich als Verzierung.

Material

Tonkarton in Braun und Gelb
Verschiedene Stempel
Stempelkissen in Gold
Lackmalstift in Gold
Schmales Schleifenband in verschiedenen Tönen

Der Verschluss besteht aus einem Stempelabdruck auf Papier, welches zuvor mit Kaffee eingefärbt wird. Nach dem Trocknen der Stempelfarbe das Bild vorsichtig ausreißen und als Halter für das Verschlussband aufkleben.

Tipp

Das Rezept wirkt ganz besonders edel, wenn es mit einem goldenen Lackmalstift per Hand geschrieben wird.

Eyelets verarbeiten

Eyelets sind Ösen in verschiedenen Größen, die mit Hilfe eines speziellen Werkzeugs in Papier eingeschlagen werden. Sie sorgen dafür, dass die Löcher im Papier nicht ausfransen. Außerdem lassen sich in den so verstärkten Löchern Anhänger befestigen. Und der besondere Clou: mit Eyelets kann man ohne Kleberspuren Pergamentpapier befestigen!

Bild 1
Für die Arbeit mit Eyelets benötigt man spezielles Eyelet-Werkzeug, mit dem Löcher gestanzt und die Eyelets flach geklopft werden.

Bild 2
Transparentpapier auf die Karteikarte legen, das Eyelet-Werkzeug ansetzen und das Loch für das Eyelet einschlagen.

Bild 3
Das Eyelet in die Öffnung schieben und dann die Karteikarte umdrehen.

Bild 4
Nun das Eyelet-Werkzeug ansetzen und das Eyelet mit einigen Hammerschlägen flach klopfen.

Grundmaterial

- Eyelets
- Eyelet-Werkzeug
- Karteikarte mit Serviette
- Transparentpapier mit Rezept
- Hammer
- Holzbrettchen

Tipp

Als Unterlage beim Arbeiten mit Eyelets immer eine harte Holzplatte verwenden. Eine Tischplatte würde sonst Löcher bekommen.

Leckereien mit Eyelets

Frühlingsfrische Dickmanntorte

von Grid Doerenkamp
Das Erdbeerenmotiv stammt vom Deckblatt eines Notizblocks, das Architektenpapier mit dem Rezept ist mit Eyelets über einer Tortenspitze festgemacht.

Material
Karteikarte
Eyelets
Karton mit Erdbeerenmotiv
Transparentpapier
Tortenspitze

Bärenbrötchen

von Grid Doerenkamp
Die Bärenfotos werden eingescannt, in passender Größe ausgedruckt und ausgeschnitten. Der Pfotenabdruck ist ein Stempel, der aus Moosgummi ganz einfach selber hergestellt werden kann. Den Stempelabdruck eingescannen und zusammen mit dem Buchstaben speichern. Die Pfote dann zusammen mit dem Text ausdrucken.

Material
Tonpapier in Braun
Scrapbookpapier mit Pfotenmuster
Briefpapier marmoriert
Holzstreuteil Bär
Marjolein-Bogen (für den Anhänger)

Stockbrot

von Grid Doerenkamp
Das selbst geschossene Hintergrundfoto wird für diese Rezeptkarte zusammen mit dem Text auf Transparentpapier festgemacht. Als Befestigung werden Musterbeutelklammern verwendet.

Material
Foto als Hintergrund
Transparentpapier
Musterbeutelklammern

Eyelet-Variationen

Rotweinbutter

von Anne Tank

Diese Rezeptkarte wird teilweise mit 3D-Lack ausgearbeitet. Unter anderem sind die Korken und der Korkenzieher mit dieser Technik gestaltet. Die Tasche für den Anhänger besteht aus bestempeltem Transparentpapier. Und auf dem Anhänger befindet sich das Rezept.

Material

Tonkarton in Hellgelb
Stempel
Aquarellfarben
Transparentpapier
Schleifenband
3D-Lack
Eyelets

Karotten-Nuss-Kuchen

von Brigitte Salhöfer

Einfaches grünes Transparentpapier mit der Wellenschere schneiden und mit Eyelets befestigen. Das hier verwendete Basteltransparentpapier ist die dünnere Ausführung, mit der Kinder basteln.

Material

Tonkarton in Orange
Einfaches Transparentpapier in Gelb, Braun und Grün
Stempel mit Möhrenmotiv
Eyelets

Seelachs in Pergamentpapier

Der Hintergrund dieser Karte besteht aus einer Serviette. Das Rezept auf Pergamentpapier ausdrucken und dieses dann mit Eyelets auf der Karte befestigen.

Material

Karteikarte
Serviette mit Meeresmotiven
Pergamentpapier
Eyelets

Blumiges mit Eyelets

Sonnenblumen-Cookies

Schöne Papiere für das Scrapbooking gibt es natürlich in erster Linie im guten Bastelgeschäft zu kaufen. Für diese Rezeptkarte finden sich dort auch entsprechende Papiere mit passenden Sonnenblumenmotiven. Die hier gezeigten Verzierungen stammen jedoch aus dem Internet, aus dem man Bilder und Grafiken bzw. ganze Grafik-Sets auf den Computer herunterladen kann. Diese lassen sich beliebig oft in der gewünschten Größe ausdrucken und können anschließend weiter verarbeitet werden.

(Sonnenblumen-Cookies Rückseite)

Material
- Karteikarte
- Papier mit Sonnenblumenmotiven
- Schere
- Kleber
- Eyelet
- Musterbeutelklammern

Verschiedene Basteltechniken

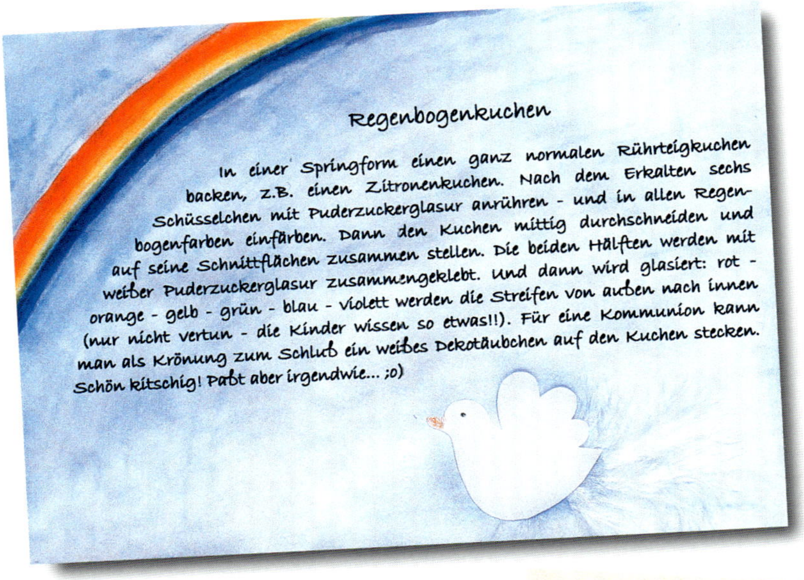

Regenbogenkuchen

von Grid Doerenkamp

Der Hintergrund wird mit Aquarellstiften selbst gemalt und anschließend eingescannt. Am Computer kann das Bild noch nachbearbeitet werden. Anschließend in passender Größe ausdrucken.

Material

Karteikarte
Aquarellstifte
Tonpapier

Mozart-Likör

von Grid Doerenkamp

Für diese Karte wird ein Musterpapier eingescannt und anschließend auf Fotopapier ausgedruckt. Das Mozartbild stammt von einer in jedem Supermarkt erhältlichen Packung Mozartkugeln.

Material

Karteikarte
Transparentpapier
Mozartbild
3D-Bogen

Schokokusskuchen

von Grid Doerenkamp

Ganz normale Luftballons, wie es sie in jedem Bastel- oder Schreibwarenladen gibt, geben dieser Rezeptkarte den letzten Schliff.

Material

Tonkarton in Rot
Hintergrundbogen
Motivbogen Dookijkbogen
Luftballons

Variationen mit Papier

Spinat-Erdbeer-Salat

von Carol aus Texas

Papier muss nicht immer akkurat geschnitten sein, die Motive können auch einfach ausgerissen werden. Werden sie dann mit sauber geschnittenen Papieren kombiniert, bekommen die fertigen Karten einen ganz besonderen Charme.

Material

Tonkarton in Grün
Tonpapier in Hellgrün
Druckerpapier
Faserseide in Rot und Dunkelgrün
Transparentpapier in Gelb
Filzstift in Schwarz
Motivschere Wellenrand

Kerstins Rührei

von Grid Doerenkamp

Dieses Ei muss von einem ganz besonders „diensteifrigen" Huhn gelegt worden sein – denn das Rezept steht schon auf der Schale.

Material

Hintergrundpapier von Carol Wilson
Canson mi-teintes Papier
Metallstreuteile Hühnchen

Tipp

Papier lässt sich leichter reißen, wenn die spätere Risslinie vorher mit einem Pinsel angefeuchtet wird.

Ungewöhnliche Materialien

Möhrenkuchen

von Grid Doerenkamp

Hier passt alles zusammen. Ganz besonders niedlich: die kleinen Deko-Möhrchen aus festgedrehter Watte.

Material

Hintergrundpapier Marjolein
Tonpapier in Orange und Grün
Deko-Möhrchen aus Watte

Nudeln mit Lachssoße

von Grid Doerenkamp

Ideen muss man haben! Der Hintergrund dieser Karte ist mit Wasserfarbe gemalt, die Überschrift besteht aus Buchstaben-Suppennudeln und das Fischernetz war ursprünglich eine Verpackung.

Material

Karteikarte
Wasserfarben
Buchstaben-Nudeln
Holzstreuteile Fische
Seestern, Netz

Alltägliches neu arrangiert

Gemüse-Nudel-Pfanne

von Grid Doerenkamp

Wer sich zu helfen weiß, zaubert aus ganz alltäglichen Dingen originelle Rezeptkarten. Gemüse und andere Lebensmittel werden fotografiert und ausgedruckt. Die Pfanne besteht aus Schleifpapier und einer alten Wäscheklammer.

Material

Geriffelter Karton, Fotos
Schleifpapier
Halbierte Holzwäscheklammer

Guten-Morgen-Smoothies

von Carol aus Texas

Obwohl eigentlich gar nicht besonders ausgefallen, ist der kleine Papiersonnenschirm auf dieser Rezeptkarte doch ein echter Blickfang.

Material

Tonkarton in Gelb
Tonpapier in Pink und Orange
Servietten, Transparentpapier
Musterbeutelklammern
Sonnenschirmchen aus Papier

(„Guten Morgen" Smoothie Rückseite)

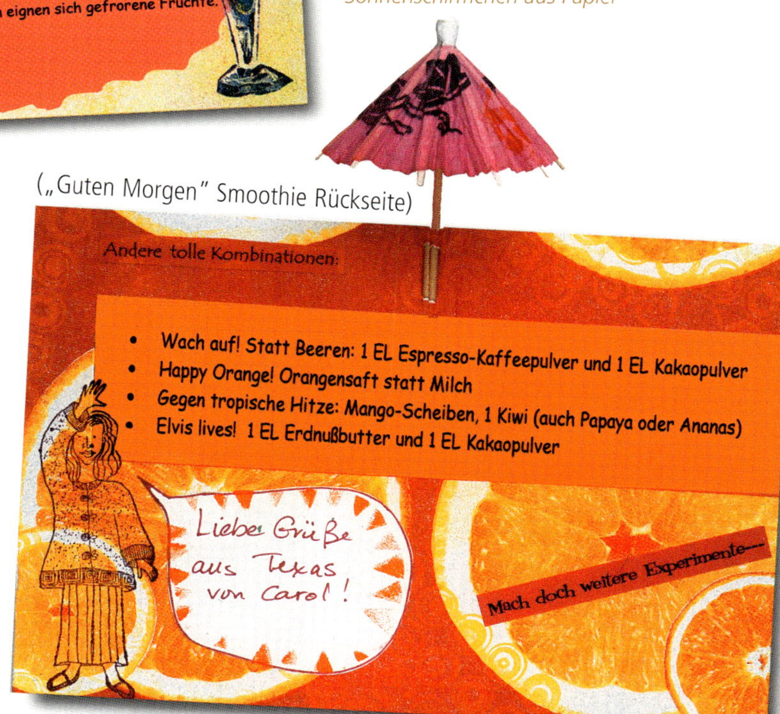

Tipp

Musterbeutelklammern gibt es für den Bastelbereich in vielen unterschiedlichen Formen und Farben und dienen so weniger ihrem ursprünglichen Zweck Tüten zu verschließen, als vielmehr zur Verzierung.

Von Herzen

Zum Wegwerfen ist diese gebrauchte Pralinenschachtel wirklich zu schade. Sogar die Schablone für die Rezeptkarten liefert die Schachtel gleich mit. Und so geht's:

1. Die Pralinenschachtel umdrehen und den Umriss auf Pappe nachzeichnen. Den Umriss anschließend ausschneiden, um so eine Schablone zu erstellen.

2. Das Polstermaterial aus der Schachtel auf Tonkarton kleben und für die Karten ausschneiden. Den Umriss des Polstermaterials per Fotokopierer verkleinern.

3. Nun die Schachtel anmalen und die Farben gut trocknen lassen.

4. Die große Schablone auf die geprägte Pappe legen, nachzeichnen, ausschneiden und die Pappe als Deckel auf die Schachtel kleben, siehe Foto.

5. Die kleinere Tonkartonschablone auf das Kokospapier legen, nachzeichnen und ausschneiden. Ebenso mit dem Embossingpapier und dem Rest der geprägten Pappe vorgehen.

6. Rezepte auf das Druckerpapier übertragen. Mit Kreide darüber reiben und anschließend mit Fixativ fixieren. Die kleinste Schablone auf den Ausdruck legen, nachzeichnen und das Rezept ausschneiden. Anschließend auf das Kokospapier kleben und auf die Rückseite des Kokospapiers das Papp- bzw. Transparentpapierherz anbringen.

Material

Pappe geprägt
Tonkarton in Dunkelbraun
Transparentpapier
Pralinenschachtel
Embossingpapier
Kokospapier
Druckerpapier
Marabu-Fixativ
Marabu-Decormatt Acryl in Dunkelbraun

Obwohl das Kokospapier sehr dick und grob ist, harmoniert es ausgezeichnet mit dem edlen, geprägten Transparentpapier.

Tipps & Tricks

Statt normalem Kleber kann man hier sehr gut Haftkleber verwenden. Dieser Kleber wird aufgetragen und muss dann erst einmal trocknen. Erst dann tritt die Klebekraft ein. Anschließend werden die Teile einfach aufeinander gepresst. Die Klebestellen lassen sich noch eine ganze Zeit lang korrigieren, bis der Kleber endgültig ausgehärtet ist.

Mit Kreide lässt sich fast jeder Hintergrund passend gestalten. Das damit eingefärbte, ehemals weiße Druckerpapier passt nun genau zum Untergrund.

Verzieren mit Stickern

Sticker können so wie sie sind aufgeklebt werden, um Rezeptkarten zu verschönern. Man erzielt auf diese Weise bereits sehr schöne Verzierungen. Noch schöner werden die Ergebnisse allerdings, wenn man die Sticker wie in den Beispielen auf den folgenden Seiten noch weiterverarbeitet. So ist es mit ein wenig Geschick möglich, ganz neuartige Schmuckstücke aus kleinen Aufklebern zu kreieren.

Bild 1
Mit Stickern, von denen es viele verschiedene Motive gibt, und dampffixierbarer Seidenmalfarbe von Marabu lassen sich ganz bezaubernde Rezeptkarten gestalten.

Bild 2
Die Sticker werden zunächst auf der Karteikarte verteilt und aufgeklebt.

Bild 3
Mit den Seidenmalfarben anschließend die einzelnen Motive und den Hintergrund ausmalen. Die Sticker wirken wie eine Gutta-Schicht und verhindern so, dass die Farben ineinander laufen. Die Farben trocknen lassen.

Bild 4
Die Sticker abziehen und auf Backpapier kleben. Sie können so mehrfach verwendet werden.

Grundmaterial

- Sticker
- Karteikarte
- Marabu-Silk Seidenmalfarben
- Pinsel
- Backpapier

Tipps

Als Untergrund eignen sich viele Arten von Papier, man sollte aber darauf achten, dass es weiß ist. Da Seidenmalfarben transparent sind, würden sich sonst unkalkulierbare Mischfarben ergeben. Dampffixierbare Seidenmalfarben können nach dem Aufmalen noch mit Wasser übermalt und verändert werden. Man kann dadurch besondere Effekte ähnlich wie in der Aquarellmalerei erzielen.

Schnelle Stickermotive

Buttermilchkuchen

Schnell gemacht ist diese hübsche Rezeptkarte. Die Karte wird nicht komplett mit den Seidenmalfarben eingefärbt, nur ein relativ schmaler Rand rund um die Sticker wird bemalt.

Material

Tonkarton in Weiß
Sticker mit verschiedenen Motiven
Marabu-Silk in Kobaltblau, Zinnoberrot hell, Gelb, Saftgrün und Curry

(Buttermilchkuchen Rückseite)

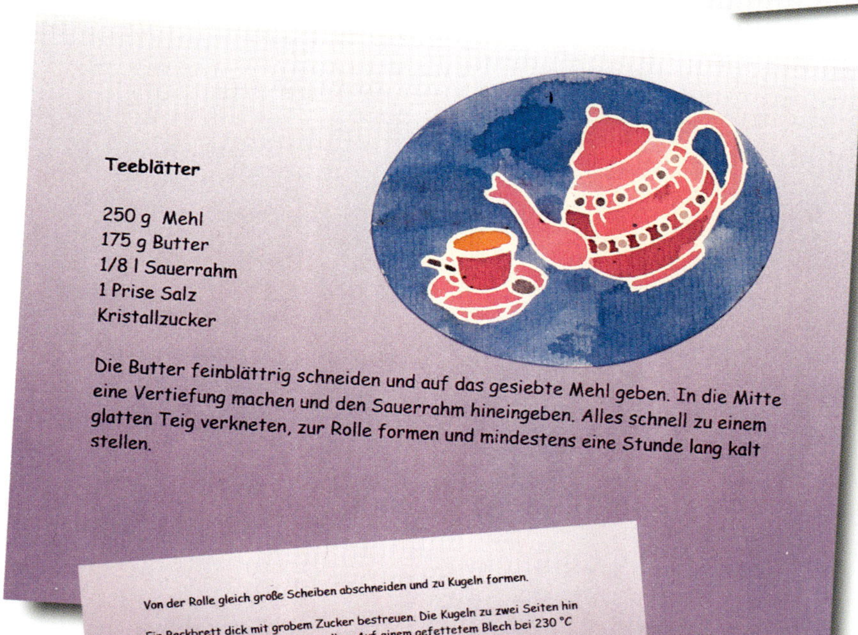

Teeblätter

Bei diesem Motiv werden die Sticker nicht auf eine Karteikarte geklebt, sondern einfach auf ein Stück weißes Papier. Nachdem das Motiv aufgemalt ist, wird es ovalförmig ausgeschnitten und anschließend auf die Karte geklebt.

Material

Farbverlaufskarton in Flieder
Druckerpapier
Sticker
Marabu-Silk in Kobaltblau, Krokus und Rosa

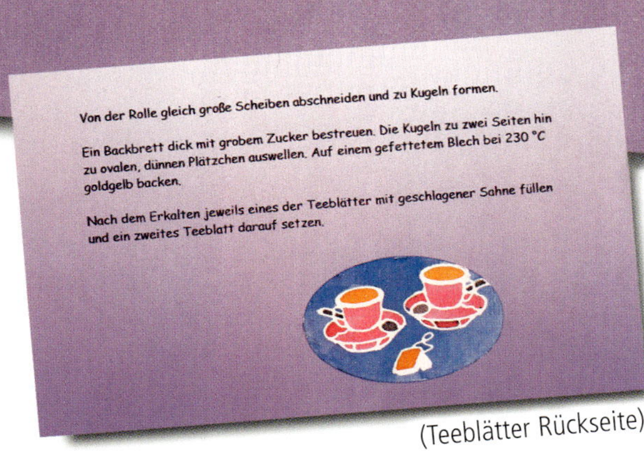

(Teeblätter Rückseite)

Süße Rezeptkarten mit Stickern

Obstsalat

Der mit Stickern gestaltete Hintergrund passt ausgezeichnet zum Rezept auf der Karte. Das Blatt, auf welches das Rezept gedruckt wird, muss zuvor mit dampffixierbarer Seidenmalfarbe eingefärbt werden.

Material

Karteikarte, DIN A5
Druckerpapier
Sticker mit Obstmotiven
Marabu-Silk in Hellrosa, Azalee, Gelb und Reseda

Marinade für Meeresfrüchte

Für diesen Hintergrund werden zuerst die einzelnen, aufgeklebten Sticker bemalt. Erst danach wird der Rest der Karte gestaltet. So wirkt die Rezeptkarte insgesamt etwas bunter, ohne gleich zu schrill zu erscheinen.

Material

Karteikarte, DIN A5
Druckerpapier
Sticker mit Muschelmotiven
Marabu-Silk in Kobaltblau, Magenta, Reseda und Gelb

Kürbis-Marmelade

Damit die Rezeptkarte nicht zu bunt wirkt, werden die Blätter nur grün eingefärbt, während der Untergrund in bunten Herbstfarben leuchtet. Das Druckerpapier wird, nachdem das Rezept eingefärbt wurde, mit Chalks ausgestaltet.

Material

Karteikarte, DIN A5
Druckerpapier
Sticker mit Blattmotiven
Marabu-Silk in Kirschrot, Orange, Gelb und Reseda
Verschiedene Kreiden

Vielseitige Sticker

Nougatherzen

Für diese Rezeptkarte werden Sticker mit einfachen Umrissen verwendet. So lässt sich das bemalte Papier nach dem Trocknen ganz einfach schmalkantig ausschneiden und aufkleben.

Material

Tonkarton in Rot
Druckerpapier
Sticker mit Weihnachtsmotiven
Marabu-Silk in Korallenrot, Gelb, Saftgrün, Kobaltblau und Lachsrot

Englischer Weihnachtskuchen

Für diese Rezeptkarte werden Stickerfiguren miteinander kombiniert, die sogar von ganz unterschiedlichen Stickerbögen stammen.

Material

Tonkarton in Grau
Druckerpapier
Sticker mit Weihnachtsmotiven
Marabu-Silk in Lachsrot, Gelb und Hellblau

Weihnachtsbowle

Ein großer, rechteckiger Sticker, wie er bei diesem Rezept zum Einsatz kommt, bietet sich besonders für diese kreative Arbeit an. Denn nach dem Bemalen und Trocknen ist es ganz leicht, ihn auszuschneiden. Das Papier, auf dem das Rezept erscheint, wird mit grüner Seidenmalfarbe passend gestaltet.

Material

Tonkarton in Braun
Druckerpapier
Sticker mit Weihnachtsmotiv
Marabu-Silk in verschiedenen Grün-, Braun- und Rottönen

Fisch und Fleisch mit Stickern

Hackfleischbonbons

von Grid Doerenkamp

Sticker gibt es auch als Buchstaben und Zahlen. So dienen die Goldlabels hier nur zur Beschriftung. Weiterhin werden bunte Motivsticker verwendet, die zuerst eingescannt und dann in der benötigten Größe wieder ausgedruckt werden.

Material

Tonkarton in Rot
Tonpapier in Gelb
Scrapbookpapier
Stickerbogen Mäuse und Banner

Fischküchlein

Für diesen „Silberfisch" wurde der Sticker auf ein Reststück festen Papiers geklebt, dann Haftkleber aufgetragen. Ist der Haftkleber vollständig getrocknet, wird Haushaltsalufolie auf den Sticker gelegt und vorsichtig angedrückt. Abschließend muss die Alufolie nur noch mit einem stumpfen Gegenstand festgedrückt werden, wodurch sich die Form des Stickers dann auf der Oberfläche der Alufolie abzeichnet.

Material

Tonkarton in Grau, Druckerpapier
Sticker mit Fischmotiv
Haftkleber, Alufolie

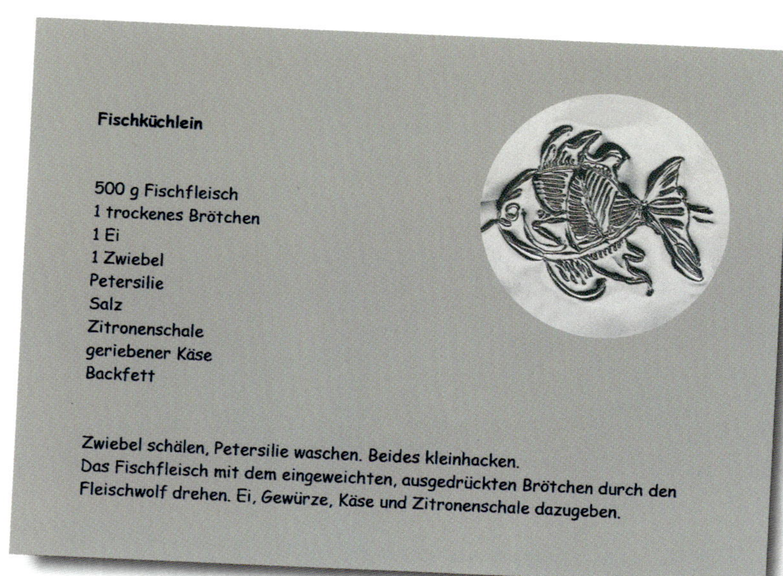

Raffinierte Stickermotive

Curryfisch

Klebt man die Sticker auf Windradfolie, kann man sie von der Rückseite mit Folienschreibern bemalen. Anschließend dreht man die Folie um und füllt die einzelnen Felder der Sticker mit 3D-Lack aus. Nach dem Trocken werden die Motive ausgeschnitten und auf die Karte geklebt.

Material

Karteikarte in DIN A5
Sticker mit Fischmotiven
3D-Lack
Folienschreiber in verschiedenen Farben
Windradfolie
Marabu-Silk in Kobaltblau und Lachsrot

Pfirsich-Kiwi-Bowle

Die hier verwendeten einfachen und bunten Sticker sind schon vorgeprägt und erzeugen dadurch einen dreidimensionalen Effekt.

Material

Tonkarton in Blau
Druckerpapier
Sticker mit verschiedenen Motiven
Marabu-Silk in Kobaltblau

Motive modellieren

Auch aus Modelliermassen lassen sich kleine Verzierungen für Rezeptkarten herstellen. Verwendbar sind dabei fast alle Modelliermassen, die entweder im Backofen oder einfach an der Luft aushärten. Dazu gehören selbst gemachtes Kaltporzellan und an der Luft aushärtende Leichtmodelliermassen, aber auch im Backofen härtende Modelliermassen wie Fimo oder Backton.

Bild 1
Für die hier gezeigten Kartenverzierungen wird Modelliermasse in Kunststoffformen gedrückt. Die Farbgestaltung wird mit Acrylfarben ausgeführt.

Bild 2
Die Modelliermasse durchkneten und in die Form pressen. Anschließend den Fisch aus der Form herausdrücken, überstehende Ränder grob entfernen und trocknen lassen.

Bild 3
Die Kanten des nun trockenen Motivs mit einer Schere von überstehenden Graten säubern.

Bild 4
Nun den Fisch mit Acrylfarben bemalen und die Farben zum Schluss gut trocknen lassen.

Grundmaterial

- Kaltporzellan
- Kunststoffform
- Schere
- Marabu-Decormatt Acryl
- Pinsel

Kaltporzellan selbst herstellen

Bis auf die Handcreme die Zutaten gut miteinander vermischen und drei Minuten in der Mikrowelle kochen, regelmäßig umrühren., abkühlen lassen und die Creme einkneten. Im sehr gut verschlossenen Behälter ist Kaltporzellan ca. 1 Monat haltbar. Kaltporzellan härtet an der Luft je nach Dicke innerhalb von zwei bis drei Tagen aus. Es darf nicht (!) im Backofen gebacken werden. Material: 2 Tassen Maisstärke, 2 Tassen Holzleim, 2 TL Glyzerin (aus der Apotheke), 1 TL Essig oder Zitronensaft, 1 TL Handcreme (ohne Siliconzusatz)

Modellieren in Formen

Fruchtiger Sommertee

Der Hintergrund besteht aus einer Karteikarte, die mit Seidenmalfarbe grün eingefärbt wird. Für die einzelnen Blüten wird Kaltporzellan verwendet. Die Blüten werden nach dem Trocknen mit Acrylfarben bemalt.

Material

Karteikarte DIN A5
Druckerpapier
Kaltporzellan, Modellierform
Marabu-Decormatt Acryl in Grüntönen
Marabu-Silk in Reseda

Sardinen im Backteig

Der Hintergrund dieser Karte wird mit dampffixierbaren Seidenmalfarben gestaltet. Auch hier kommt Kaltporzellan zum Einsatz, das nach dem Trocknen mit Aquarellfarben bemalt wird.

Material

Karteikarte DIN A5
Druckerpapier
Kaltporzellan
Modellierform mit Fischmotiv
Aquarellfarben
Marabu-Silk in Kobaltblau, Lachsrot und Reseda

Quarktorte mit Kokos

Als Hintergrund wird hier ein zartes Serviettenmotiv verwendet. Das aufgeklebte Ornament wird nicht weiter bemalt, sondern im ursprünglichen Zustand belassen. Dadurch bleibt der Porzellaneffekt der selbst hergestellten Kaltporzellanmasse erhalten.

Material

Karteikarte DIN A5
Serviette mit Rosenmotiv
Transparentpapier
Kaltporzellan
Modellierform

Freies Modellieren

Hähnchengyros

von Susanne Breideneichen
Sämtliche Modelle auf dieser Seite werden per Hand geformt. Für die geraden Kanten des Tempels benötigt man lediglich ein Lineal als Hilfsmittel.

Material
Fimo in Steinoptik
Tonkarton in Grau

Omis Kinderkekse

von Susanne Breideneichen
Die Zutaten für dieses Rezept werden im Miniformat modelliert und in der richtigen Anzahl auf die Karte geklebt. So können selbst kleine Kinder, die noch nicht lesen können, Omi beim Kekse backen helfen und die Zutaten zusammensuchen.

Material
Fimo in verschiedenen Farben
Karteikarte in Hellblau

Spezialeffekte mit Modelliermasse

Gemüsereis mit Käse

Verwendet man als Trennmittel für die Formen Pearl Ex Puder und arbeitet mit farbiger Modelliermasse, entstehen ganz erstaunliche Effekte. Die Modelle werden nach dem Entfernen aus der Form nicht versäubert, sondern die Modelliermasse nur grob abgerissen.

Material

Tonkarton in Braun
Druckerpapier
Modelliermasse, terracottafarben
Modellierform
Pearl Ex Puder Bronze
Marabu-Silk in Sand

Schoko-Muffins mit Ananas

Vorgefertigte oder selbst gefertigte Rollen mit Millefiorimustern lassen sich nicht nur zu Perlen weiterverarbeiten, sondern können auch in dünne Scheibchen geschnitten werden. So dienen Sie auf dieser Rezeptkarte als Zierelemente.

Material

Tonkarton in Beige
Tonpapier in Rot
Druckerpapier
Millefiorimuster-Rolle aus Modelliermasse
Marabu-Silk in Lachsrot

Mosaik

Wer an Mosaiken denkt, dem kommen Kunstwerke aus zusammengesetzten Steinen, Glasstücken oder Scherben in den Sinn. Für Mosaikeffekte in einem Album sind diese Materialien natürlich nicht geeignet. Aber auch mit einfachem Papier und ein wenig 3D-Lack gelingt es, täuschend echte Mosaiken herzustellen

Bild 1
Wichtigstes Material für die hier gezeigte Mosaiktechnik ist Papier in vielen verschiedenen Ausführungen. Außerdem werden Schere und je nach Papier unterschiedliche Klebstoffe benötigt.

Bild 2
Das Papier zunächst in kleine, unregelmäßige Stücke schneiden.

Bild 3
Mit dem Zahnstocher einen Tropfen Kleber auf die Rückseite des Papierstückes geben und auf die vorbereitete Form kleben. Auf diese Weise die gewünschte Fläche weiter bearbeiten und anschließend gut trocknen lassen.

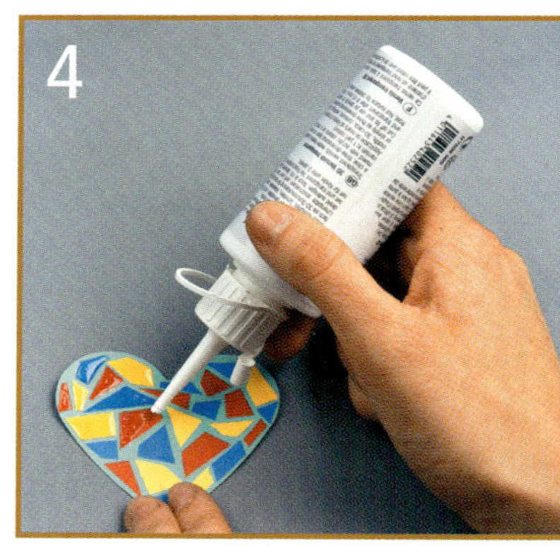

Bild 4
Die einzelnen Mosaikstücke mit einer Schicht 3D-Lack überziehen. Den Lack danach gut trocknen lassen.

Grundmaterial

- Verschiedene Papiere
- Schere
- Marabu-Servietten-Lack & Kleber
- Zahnstocher
- 3D-Lack

Tipps & Tricks

Das Papier nicht (!) zuerst in Streifen und dann in kleinere Stücke schneiden. Die Mosaikteilchen würden auf diese Weise zu gleichmäßig ausfallen. Wenn 3D-Lack verwendet wird, der nach einmaligem Auftrag nicht dick genug ist, nach dem Trocknen der ersten Schicht vorsichtig eine zweite auftragen. Dann ist der 3D-Effekt ausgeprägter.

Rezeptbuch mit Mosaik

Deckblatt

Der Einband des Albums wird komplett mit Papierteilchen beklebt. Dazwischen den Schriftzug *Rezepte* einfügen. Zum Abschluss sämtliche Papierstückchen mit 3D-Lack bemalen. Durch die Verwendung des 3D-Lacks sieht der Einband richtig natürlich aus.

Material

Fotoalbum
3 verschiedene Little-Sizzix-Papiere in Rottönen
Stanzgerät Buchstaben
3D-Lack, Klebstoff

Widmung

Der Titel des Rezeptes wird mit den Buchstabenstanzern ausgestanzt. Je nachdem, wie umfangreich das Rezept ist, ist auf dieser Seite noch Platz für kleine Geschichten, Infos über diejenigen, die sich das Rezept ausgedacht haben, oder auch eine Widmung.

Gefüllte Paprika

Innerhalb des Fotoalbums werden nur die Ränder mit den Papierteilchen beklebt. Auf 3D-Lack, wie er für das Deckblatt verwendet wurde, wird hier verzichtet, weil das Album sonst sehr dick werden würde.

Material

3 verschiedene Little-Sizzix-Papiere in Blautönen
Klebstoff

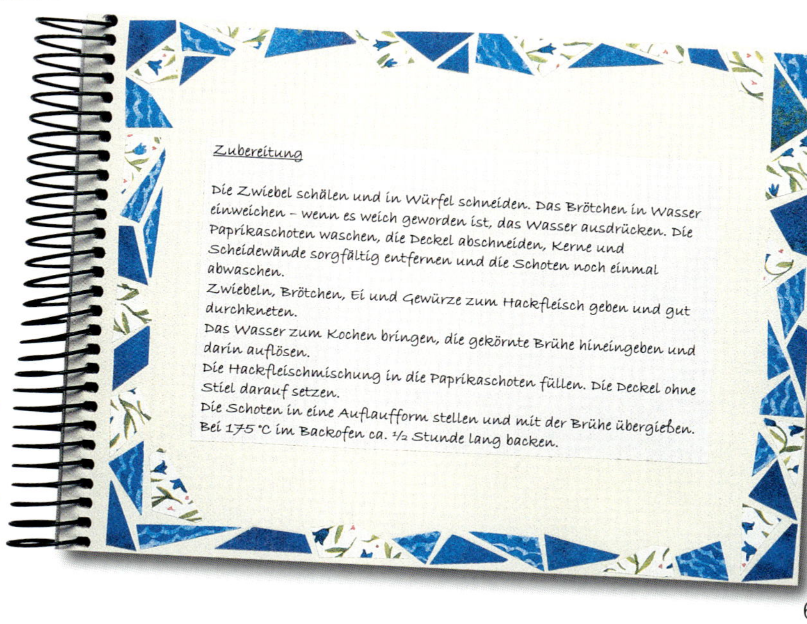

Besondere Mosaiken

Kartoffelpuffer mit Creme fraiche und Kaviar

Wem das Ausschneiden und Aufkleben der vielen kleinen Papierteilchen zu mühsam ist, greift auf Geschenkpapier mit Mosaikmuster zurück. Werden die einzelnen Mustersteinchen mit 3D-Lack bemalt, ist auch dieses Muster von einem echten Mosaik auf den ersten Blick kaum zu unterscheiden.

Material

Karteikarte
Tonpapier in Hellblau
Druckerpapier
Mosaikpapier
Marabu-Silk in Lachsrot

Ischler Törtchen

3D-Bögen lassen sich ebenfalls leicht in ein Mosaik verwandeln. Dafür wird ein Bild einfach unregelmäßig in viele Teile zerschnitten und neu zusammengeklebt.

Material

Tonkarton in Blau
Druckerpapier
3D-Motiv
Klebstoff

Ausgefallene Materialien

Schokoladen-Mandelkranz

Die Mosaikteilchen dieser Rezeptkarte bestehen aus getrockneten und gebügelten Bananenblättern. Diese Blätter sehen aus wie Holz, sind aber leicht wie Papier. Außerdem sind viele verschiedene Färbungen innerhalb eines Blattes vorhanden, so dass ein Blatt für mehrere Karten verwendet werden kann. Auch das Bärchen wird aus dem Bananenblatt gestanzt.

Material

Tonkarton in Creme
Druckerpapier
Getrocknete Bananenblätter
Motivlocher Bärchen
Marabu-Silk in Mittelbraun
Klebstoff

Käsekuchen nach Großmutters Art

Wird das Mosaikmuster als Hintergrund gewählt, muss nicht das komplette Papier damit gestaltet werden. Hier sind die Papierstückchen als unregelmäßiger Streifen diagonal um die bereits angebrachten Rezeptteile geklebt.

Material

Tonkarton in Blau
Tonpapier in Rot, Blau, Gelb, Haut, Lachs und Braun
Little-Sizzix-Papier mit Punkten
Druckerpapier
Motivlocher Baby
Motivlocher Blatt, klein
Motivlocher Schmetterling, klein
Marabu-Silk in Sand
Klebstoff

Scrapbooking

Scrapbooking ist ein aus zwei englischen Begriffen zusammengesetzter Begriff. Scraps bedeutet Papierschnipsel, book heißt Buch. Mit den Techniken, die beim Scrapbooking verwendet werden, können auch andere Arten von Alben und Büchern hergestellt werden. Hier wird gezeigt, wie Koch- und Backrezepte mit Texten und Bildern geschmackvoll miteinander kombiniert werden können.

Bild 1
Wichtig bei der Auswahl von geeigneten Bastelmaterialien für ein Fotoalbum ist, dass man die Farben der verwendeten Papiere auf die Farbigkeit der Fotos abstimmt. Eine große Auswahl an unterschiedlichen Papieren und Materialien ist dabei sehr hilfreich.

Bild 2
Sind die Papiere farblich passend zu den Fotos ausgesucht, werden als nächstes die Rezepte ausgeschnitten.

Bild 3
Bilder und Rezeptabschnitte mit der bedruckten Seite nach oben in das Xyrongerät schieben. Dabei wird der Klebstoff gleichmäßig dünn aufgetragen. Dann so lange an der Kurbel drehen, bis das Bild vollständig aus dem Gerät herausgekommen ist.

Bild 4
Die mit Klebstoff versehenen Bilder und Rezepte können nun aufgeklebt werden.

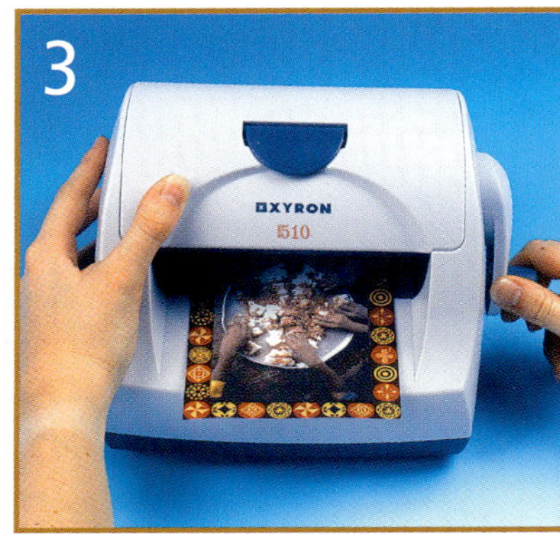

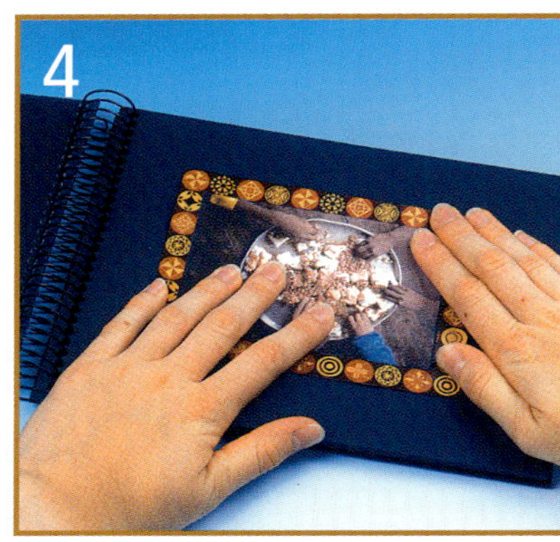

Grundmaterial

- Verschiedene Papiere (Tonpapier und gemustertes Papier)
- Ausgedruckte oder handgeschriebene Rezepte
- Xyrongerät
- Fotos
- Fotoalbum

Tipps

Bei der Gestaltung von Fotoalben sollte man darauf achten, keine säurehaltigen Materialien zu verwenden. Die Säure, die z. B. in vielen Papieren enthalten ist, greift leider recht schnell Fotografien an und macht sie unansehnlich. Zum Testen des Säuregehalts von Bastelmaterialien gibt es praktische Säureteststifte im Bastelfachhandel.

Fotoalbum selbst gestalten

Dieses Rezeptbuch eignet sich hervorragend als ganz persönliches Geschenk für einen lieben Menschen. Es wird mit alten Familienfotos, Postkarten und einem eingescannten Brief sowie kleinen Geschichten gestaltet. Natürlich lässt es sich auch mit vielen anderen Accessoires schmücken, die an eine gemeinsame Erfahrung erinnern. Der Fantasie sind hier keine Grenzen gesetzt.

Material
Fotoalbum
Fotos
Druckerpapier
Klebstoff

Tipp

Um Fotos und Papiere besonders sauber und ohne Kleberänder anzubringen, empfiehlt sich das Klebegerät Xyron X2. Der Klebstoff wirkt wie ein Haftkleber. Kleinere Fehler bei der Platzierung der Bilder lassen sich mit diesem Kleber noch einmal ausgleichen.

Familienrezepte

Tipp

Ein so gestaltetes, mit Geschichten und Bildern gefülltes Kochbuch eignet sich sehr gut als Geschenk für einen lieben Menschen.

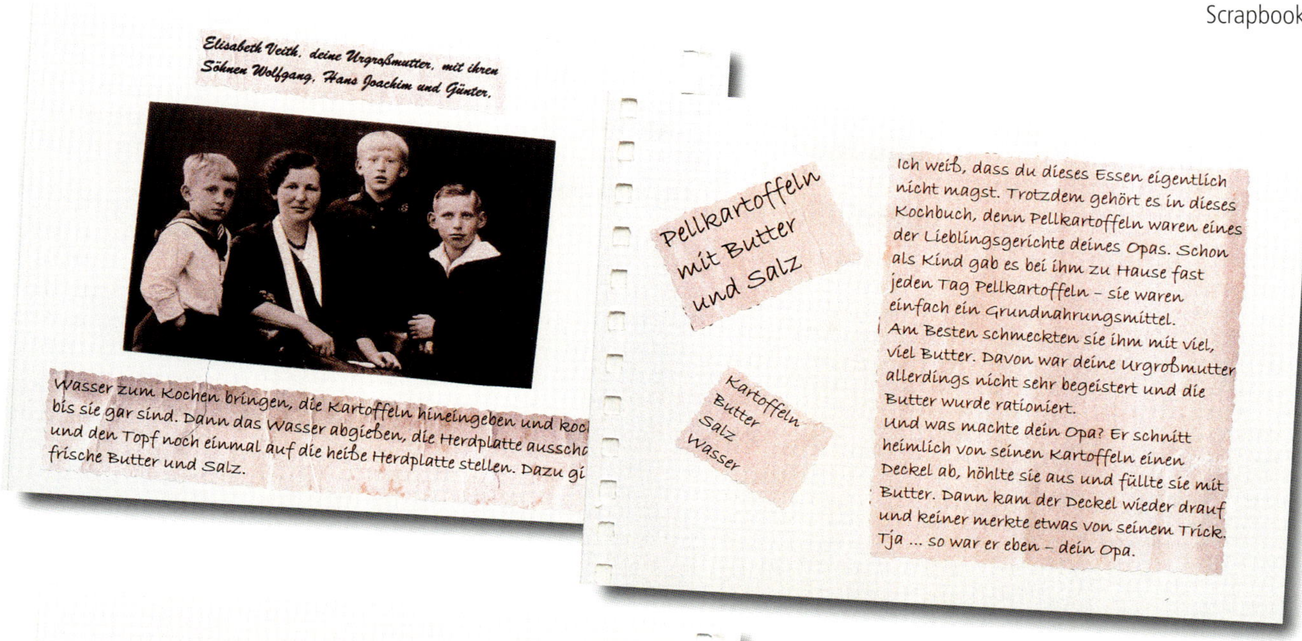

Elisabeth Veith, deine Urgroßmutter, mit ihren Söhnen Wolfgang, Hans Joachim und Günter.

Wasser zum Kochen bringen, die Kartoffeln hineingeben und koch bis sie gar sind. Dann das Wasser abgießen, die Herdplatte aussch und den Topf noch einmal auf die heiße Herdplatte stellen. Dazu gi frische Butter und Salz.

Pellkartoffeln mit Butter und Salz

Kartoffeln
Butter
Salz
Wasser

Ich weiß, dass du dieses Essen eigentlich nicht magst. Trotzdem gehört es in dieses Kochbuch, denn Pellkartoffeln waren eines der Lieblingsgerichte deines Opas. Schon als Kind gab es bei ihm zu Hause fast jeden Tag Pellkartoffeln – sie waren einfach ein Grundnahrungsmittel.
Am Besten schmeckten sie ihm mit viel, viel Butter. Davon war deine Urgroßmutter allerdings nicht sehr begeistert und die Butter wurde rationiert.
Und was machte dein Opa? Er schnitt heimlich von seinen Kartoffeln einen Deckel ab, höhlte sie aus und füllte sie mit Butter. Dann kam der Deckel wieder drauf und keiner merkte etwas von seinem Trick. Tja ... so war er eben – dein Opa.

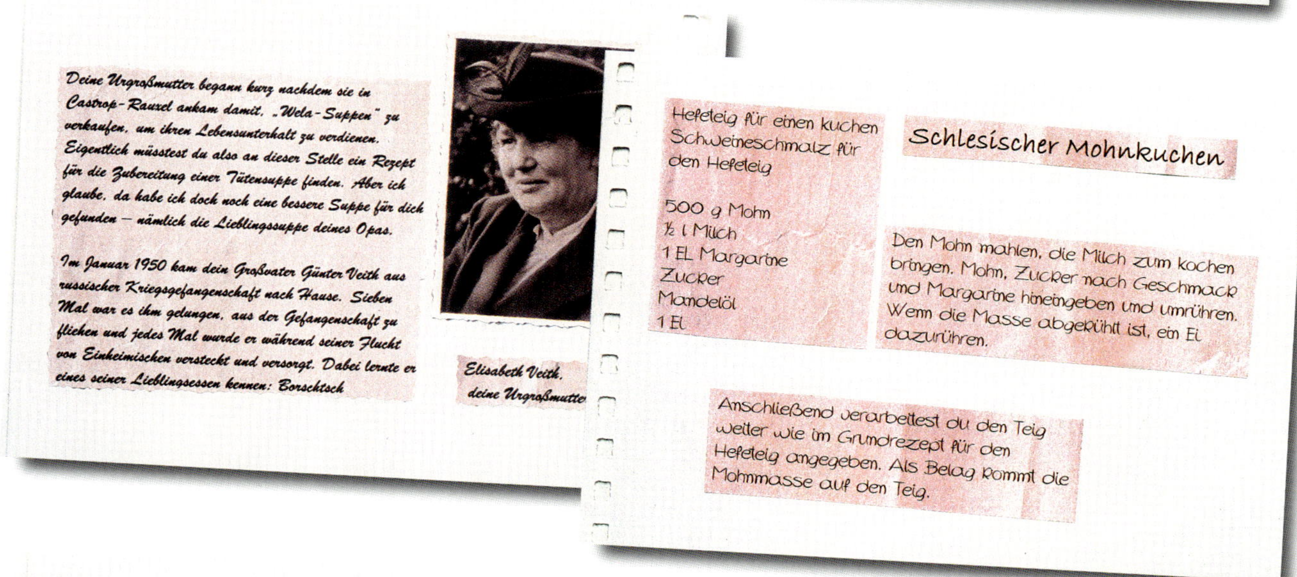

Deine Urgroßmutter begann kurz nachdem sie in Castrop-Rauxel ankam damit, „Wela-Suppen" zu verkaufen, um ihren Lebensunterhalt zu verdienen. Eigentlich müsstest du also an dieser Stelle ein Rezept für die Zubereitung einer Tütensuppe finden. Aber ich glaube, da habe ich doch noch eine bessere Suppe für dich gefunden – nämlich die Lieblingssuppe deines Opas.

Im Januar 1950 kam dein Großvater Günter Veith aus russischer Kriegsgefangenschaft nach Hause. Sieben Mal war es ihm gelungen, aus der Gefangenschaft zu fliehen und jedes Mal wurde er während seiner Flucht von Einheimischen versteckt und versorgt. Dabei lernte er eines seiner Lieblingsessen kennen: Borschtsch

Elisabeth Veith, deine Urgroßmutte

Schlesischer Mohnkuchen

Hefeteig für einen Kuchen
Schweineschmalz für den Hefeteig

500 g Mohn
½ l Milch
1 EL Margarine
Zucker
Mandelöl
1 Ei

Den Mohn mahlen, die Milch zum kochen bringen. Mohn, Zucker nach Geschmack und Margarine hineingeben und umrühren. Wenn die Masse abgekühlt ist, ein Ei dazurühren.

Anschließend verarbeitest du den Teig weiter wie im Grundrezept für den Hefeteig angegeben. Als Belag kommt die Mohnmasse auf den Teig.

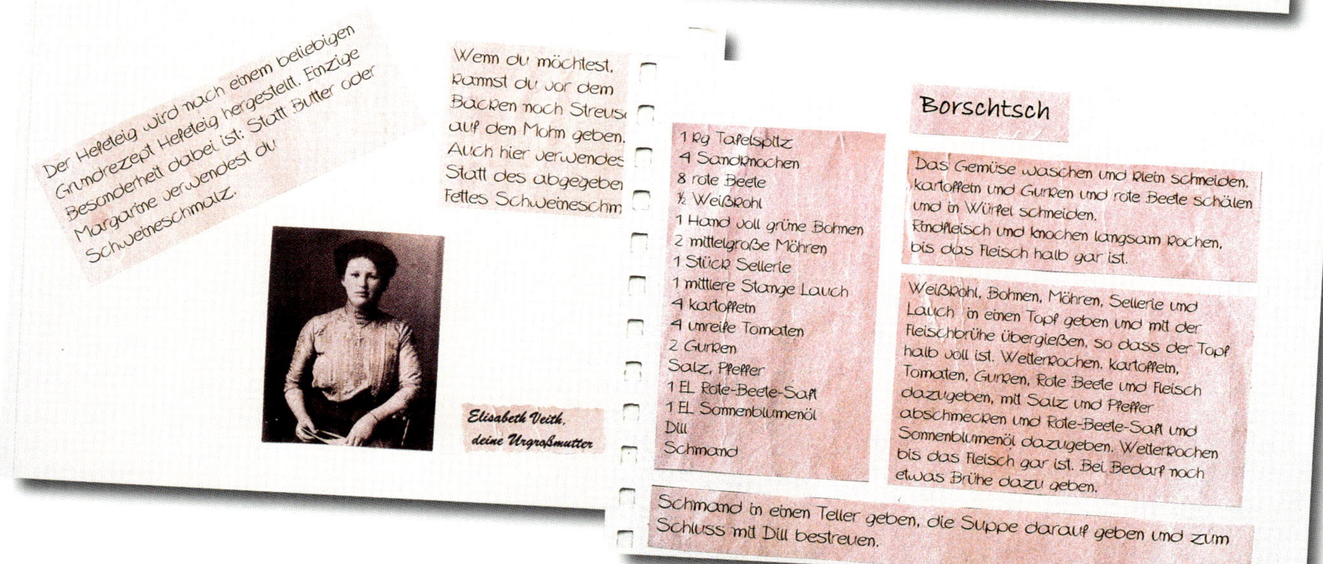

Der Hefeteig wird nach einem beliebigen Grundrezept Hefeteig hergestellt. Einzige Besonderheit dabei ist: Statt Butter oder Margarine verwendest du Schweineschmalz.

Wenn du möchtest, kommst du vor dem Backen noch Streus auf den Mohn geben. Auch hier verwendes Statt des abgegeben Fettes Schweineschm

Elisabeth Veith, deine Urgroßmutter

Borschtsch

1 kg Tafelspitz
4 Sandknochen
8 rote Beete
½ Weißkohl
1 Hand voll grüne Bohnen
2 mittelgroße Möhren
1 Stück Sellerie
1 mittlere Stange Lauch
4 Kartoffeln
4 unreife Tomaten
2 Gurken
Salz, Pfeffer
1 EL Rote-Beete-Saft
1 EL Sonnenblumenöl
Dill
Schmand

Das Gemüse waschen und klein schneiden. Kartoffeln und Gurken und rote Beete schälen und in Würfel schneiden.
Rindfleisch und Knochen langsam kochen, bis das Fleisch halb gar ist.

Weißkohl, Bohnen, Möhren, Sellerie und Lauch in einen Topf geben und mit der Fleischbrühe übergießen, so dass der Topf halb voll ist. Weiterkochen. Kartoffeln, Tomaten, Gurken, Rote Beete und Fleisch dazugeben, mit Salz und Pfeffer abschmecken und Rote-Beete-Saft und Sonnenblumenöl dazugeben. Weiterkochen bis das Fleisch gar ist. Bei Bedarf noch etwas Brühe dazu geben.

Schmand in einen Teller geben, die Suppe darauf geben und zum Schluss mit Dill bestreuen.

Rezepte aus Afrika

War ein Verwandter oder ein Freund eine Weile beruflich im Ausland oder hat einen besonders schönen Urlaub erlebt? Dann ist ein Rezeptbuch mit Fotos, typischen Motiven und natürlich vielen Originalrezepten des jeweiligen Landes ganz sicher eine tolle Erinnerung. Wenn es für ein Land ganz typische Farben, Muster oder Ornamente gibt, kann man sich bei der Gestaltung an solchen Vorgaben orientieren.

Material

Fotoalbum
Fotos
Druckerpapier
Servietten mit verschiedenen Motiven
Klebstoff

Tipp

Wer Informationen über ein bestimmtes Land benötigt, kann sich über Prospekte, Fachbücher, Fotos oder auch über das Internet zu jedem Land alle erdenklichen Informationen beschaffen, die man für so ein Objekt benötigt.

Rezepte aus Afrika

Scharfe Okra

Zutaten
25 kleine Okraschoten
1 Teelöffel Chilli
1 Teelöffel Koriander
1Teelöffel gemahlenen Kümmel
1 Teelöffel gemahlenen Safran
1 Tasse Öl
1 kleingehackte Zwiebel
2 zerkleinerte Tomaten
1 Tasse geraspelte Kokosnuss
1 kleine grüne Pfefferschote, kleingewürfelt
1 Teelöffel Salz

Okras waschen und abtrocknen. Den oberen Teil und die Spitze abschneiden. In jede Schote einen ca. 5 cm langen Schnitt in Längsrichtung schneiden. Die Gewürze und die Kokosnussraspeln mischen und die Okraschoten in dem Gemisch wenden bis sie komplett bedeckt sind. 1 Std. ziehen lassen.
Das Öl erhitzen und die Okras 10-15 Min. braten.

Tegelese Tesmi
(geklärte Kräuterbutter)

Zutaten
200 g Butter
100 ml Wasser
2 kleine, gehackte Zwiebeln
2 zerdrückte Knoblauchzehen
2 TL Ingwer

Zubereitung
Butter zusammen mit Wasser in einem kleinen Kochtopf schmelzen.
Zwiebeln, Knoblauch und Ingwer dazugeben und bei niedriger Hitze 30 Minuten köcheln, bis die Butter nicht mehr schäumt und die Mischung klar ist.
Die Flüssigkeit durch ein Sieb gießen und in einem gut verschlossenen Gefäß abkühlen lassen.

Leckeres für Naschkatzen

Material
Minifotoalbum
Druckerpapier
Verschiedene Grafiken

Für die Gestaltung von Scrapbooks findet man unter anderem im Internet passende Grafikvorlagen. Auf vielen Webseiten gibt es komplette Grafiksets zu kaufen, manche Sets sind sogar kostenlos erhältlich. Die Grafiksets bestehen aus vielen verschiedenen Bildern, Borden und Hintergrundpapieren. Vorteil der digitalen Scrapbooking-Sets ist, dass man die Bilder am PC genau auf die benötigte Größe bringen, ausdrucken und beliebig oft verwenden kann.

Tipp

Wer sich mit der Bildbearbeitung am PC auskennt und das Programm die Eingabe von Texten beherrscht, kann die Rezepte direkt ins Bild einfügen. Wer kein Internet hat, kann verschiedene Stickers und Bilder im Fachhandel beziehen, die dann in das Buch geklebt werden, und das Rezept dazu schreibt man einfach per Hand.

Rezepte mit Honig

In dieses Album werden die ausgedruckten Teile direkt auf die Seiten aus Recyclingpapier geklebt. Dadurch wird der Gesamteindruck etwas dezenter, da der graue Hintergrund die Farben ein wenig neutralisiert. In den Originalbildern ist genügend Platz, um die Texte hineinzuschreiben. Alternativ lassen sich die einzelnen Grafiken in ein Bildbearbeitungsprogramm am PC laden und die Texte direkt in die Bilder eingefügen.

Material
Minifotoalbum
Druckerpapier
Verschiedene Grafiken

Starbook

Kleine Rezeptalben werden Starbooks genannt, weil sie, wenn sie geöffnet werden, von oben betrachtet wie Sterne aussehen. Das hier vorgestellte Rezeptbuch kann mit weiteren Rezepten, z. B. mit Partyrezepten oder Sommerrezepten ergänzt werden. So lässt sich das Starbook als Accessoire aufstellen und ist stets griffbereit.

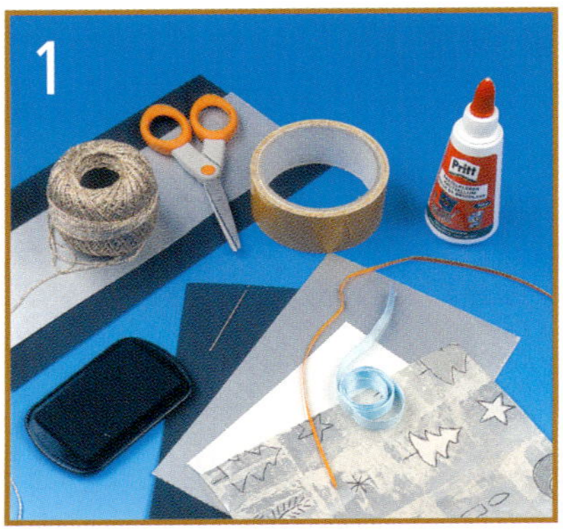

Bild 1
Die für das Starbook benötigten Materialien sind auf Seite 73 aufgeführt.

Bild 2
Einbandblätter mit Klebstoff bestreichen, Geschenkpapier so aufkleben, dass 2 cm überstehen. Ecken schräg abschneiden, Papier auf der Rückseite festkleben.

Bild 3
Tonpapier in den Tonkarton einlegen. Vier Löcher im Falz bohren. Beide Teile von außen nach innen, von innen nach außen zusammennähen. Die Nadel durch das Loch der nächsten beiden Teile nach innen ziehen und zusammennähen. So alle Teile vernähen. 1 m langes Band halbieren, auf die beiden äußeren Grundblätter kleben. Ränder der Grundblätter mit Klebeband längs zusammenkleben, dabei nur die Seiten verkleben, zwischen denen sich keine Innenzierblätter befinden.

Bild 4
Innen- und Außenblätter mit Sternen bestempeln. Mit Klebeband die Ränder der Innenblätter auf die Grundblätter kleben. Danach die Außenblätter anbringen.

Bild 5
Rezepte aufschreiben oder drucken und zuschneiden. Rückseite der Karten bestempeln, laminieren und am Rand lochen. Schmale Bäder in gleichlange Stücke schneiden und anbringen.

Bild 6
Sterne ausschneiden, ins Starbook kleben und dahinter die Rezeptkarten stecken.

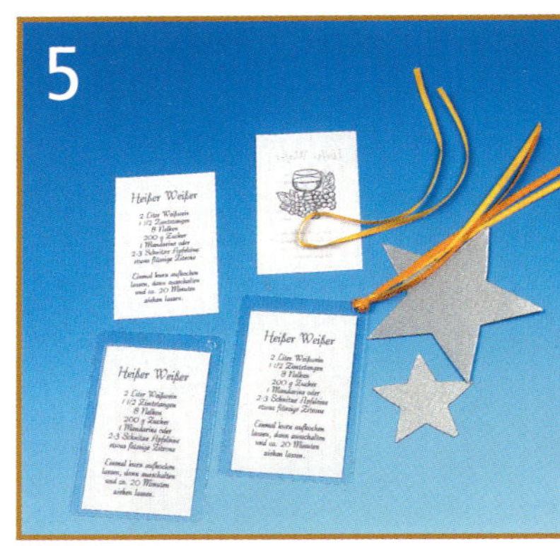

Starbook

Material

7 x Tonkarton, 14 x 28 cm, für die Grundblätter, in der Mitte gefaltet
7 x Tonpapier, 8 x 28 cm, für die Innenzierblätter, erst in der Breite, dann in der Höhe in der Mitte gefaltet
7 x Tonkarton, 14 x 20,5 cm, für die Innenblätter, in der Mitte gefaltet
7 x Tonkarton, 14 x 18 cm, für die Außenblätter, in der Mitte gefaltet
2 x Karton, 14,5 x 14,5 cm, für den Einband (Vorder- und Rückseite)
2 x Geschenkpapier, 18,5 x 18,5 cm, für die Verkleidung des Einbandes
große Nadel
Faden, 1,20 m
Klebstoff
doppelseitiges Klebeband,
Bänder verschiedenen Farben und Breiten
Stempel Sternenmotiv
Stempelkissen

Rezepte

Geriebene Kartoffelsuppe
für 2 Personen:
1 l Wasser
2 EL gekörnte Delikatessbrühe
1 Kartoffel
Das Wasser zum Kochen bringen und die Brühe einrühren.
Die Kartoffel schälen und in die Suppenbrühe reiben.
Glühwein
2 Liter Rotwein
1 1/2 Zimtstangen
8 Nelken
200 g Zucker
Einmal kurz aufkochen lassen, dann ausschalten und ca. 20 Minuten ziehen lassen.
Ingwerplätzchen
4 Eier
500 g Puderzucker
2 Päckchen Ingwer gemahlen
500 g Mehl
1 TL Hirschhornsalz
Eier und Puderzucker schaumig schlagen. Ingwer hinzufügen. Mehl sieben und Hirschhornsalz beifügen. Mit kleinen Förmchen ausstechen und auf einem Blech
Heißer Weißer
2 Liter Weißwein
1 1/2 Zimtstangen
8 Nelken
200 g Zucker
1 Mandarine oder
2-3 Schnitze Apfelsine
etwas flüssige Zitrone
Einmal kurz aufkochen lassen, dann ausschalten und ca. 20 Minuten ziehen lassen.
Kartoffelsuppe Helene
für 2 Personen:
400 g Kartoffeln
2 EL getrocknete Suppenwürze
1 l Wasser
1 EL Delikatessbrühe
125 g Schinkenwürfel
Kartoffeln schälen und würfeln. Die Suppenwürze über die Kartoffeln streuen. Im Wasser aufkochen. Wenn das Wasser kocht, die Delikatessbrühe beifügen und so lange kochen, bis die Kartoffelwürfelchen verfallen. Die Schinkenwürfel auslassen und kurz vor dem Servieren beifügen.

40%ige Johannisbeeren
1 1/2 Tassen Johannisbeeren rot oder schwarz
1 Tasse Zucker
1 flasche 40 % Korn
Die Zutaten mischen und ca. 6 Wochen stehen lassen.
Im Wintergarten ist das "gute Tropfchen" schon nach 3 Wochen trinkbar.
Heißer Holunderbeerensaft
1 Liter roter Traubensaft
200 ml Holunderbeerensaft
2 Stangen Zimt
2 Nelken
2 Sternanis
Saft einer ½ Zitrone
Das Ganze erhitzen, nicht kochen, dann 20 Minuten ziehen lassen.
Butterplätzchen
375 g Mehl
125 g Butter
250 g Zucker
2 Eier
1 TL Backpulver
Zu einem Teig kneten und dann kaltstellen.
Den Teig ausrollen und
Plätzchen ausstech
dem Backblech ve
t Dosenmilch bestre
nd nach Lust mit bu
Streuseln bestreuen.
Mauses Obatzter
2 Camenbert Dreiecke
1 Schmelzkäse
Butter
Margarine
1 Zwiebel
Paprika edelsüß
Den Käse und die Zwiebel miteinander verrühren. Butter und Margarine nach Gefühl beifügen. Mit Paprika abschmecken. Durchziehen lassen.
Zimt Butterplätzchen
250 g Mehl
25 g Zucker
150 g Butter
2 Eigelb
1 Teelöffel Zimt
Zu einem Teig kneten und dann kaltstellen.
Den Teig ausrollen und Plätzchen ausstechen.
Auf dem Backblech verteilen und im vorgeheizten Ofen ca. 10 Minuten bei 180 Grad C backen.

Rezepte

Zaziki

von Sonja Kreß

Zutaten
1 Päckchen Frischkäse
1 Päckchen Quark, 1 Gurke
4 – 5 Knoblauchzehen
Salz, Pfeffer
Je nach Geschmack 1 kleine Zwiebel
1 Becher Sahne

Zubereitung
Die Gurke schälen und raspeln. Knoblauch und die Zwiebel schälen. Frischkäse und Quark verrühren und die Gurkenraspeln unterheben. Den Knoblauch durch die Knoblauchpresse drücken, die Zwiebel klein hacken und ebenfalls unter die Masse rühren. Zum Schluss die Sahne zufügen und mit Salz und Pfeffer abschmecken. Sollte es zu intensiv sein, den Geschmack mit Sahne abmildern.

Apfelkuchen

Zutaten
4 saure Äpfel
125 g Butter, 125 g Zucker
2-3 Eier. 1 Prise Salz
2 gestrichene TL Backpulver
200 g Mehl
1 – 4 EL Milch
etwas Zitronensaft

Zubereitung
Die Äpfel schälen, vierteln und entkernen. Die Apfelstücke von außen einschneiden und etwas Zitronensaft darüber träufeln. Die restlichen Zutaten zusammen in die Küchenmaschine geben und miteinander verrühren. Den Teig in eine gefettete Springform geben und die Äpfel darauf verteilen. 45 Minuten bei 180° C auf unterster Schiene backen. Zur Verzierung noch etwas Puderzucker auf den abgekühlten Kuchen sieben.

Griechische Koteletts

Zutaten
3 Zitronen
Pflanzenöl
Pfeffer, Salz, Oregano
2 Packungen Feta

zusätzlich pro Person:
1 Kotelett
3 Kartoffeln
1 Zwiebel
1 Tomate

Zubereitung
Die Zitronen auspressen, den Saft in einen Messbecher geben und mit Pfeffer und Salz würzen. Verrühren, bis sich das Salz komplett aufgelöst hat. Dann die gleiche Menge Pflanzenöl dazu geben und unterrühren. Kartoffeln schälen und mit einem Teil der Zitronen-Öl-Mischung übergießen. Tomaten abwaschen und über Kreuz einschneiden, die Zwiebeln schälen. Die Koteletts auf einem Backblech verteilen. Kartoffeln, Tomaten und Zwiebeln verteilen. Den Rest der Zitronen-Öl-Mischung darüber gießen und mit Oregano würzen. Im Backofen 2 Stunden bei 160° C backen. In der Zwischenzeit den Feta in Scheiben schneiden. 15 Minuten vor Ende der Backzeit über dem Blech verteilen.

Hefekranz

Zutaten
500 g Mehl
1 Päckchen Trockenhefe
50 g Zucker
1/4 l Milch
50 g Fett
80 g Sultaninen
50 g gehackte Mandeln
etwas Zimtzucker
1 EL Butter
1 Eigelb

Zubereitung
Die Sultaninen 15 Minuten in Wasser einweichen, herausnehmen und auf Küchenkrepp abtropfen lassen. Aus Mehl, Trockenhefe, Zucker, Milch und Fett einen Hefeteig wie auf der Verpackung der Hefe beschrieben herstellen. Den Teig gehen lassen. Etwas Mehl auf einem Tisch und einem Nudelholz verteilen. Den Hefeteig rechteckig ausrollen. Die Butter zerlassen und auf den Teig streichen. Zimtzucker, Sultaninen und gehackte Mandeln darauf verteilen. Den Teig aufrollen, so dass eine lange Rolle entsteht. Die Rolle zum Ring schließen. Ein Backblech einfetten, den Hefekranz darauf legen und bei 190° C ca. 30 Minuten backen.

Lebkuchen

Zutaten
665 g Zucker
665 g Honig
250 g Butter
2 kg Mehl
3 EL Kakao
4 Eier
2 Beutel Hayma-Gewürz
2 Beutel Treibkraft

Zubereitung
Honig auf kleiner Flamme zergehen lassen. So viel Mehl hinein geben, dass ein Teig ähnlich wie ein dicker Spätzleteig entsteht. Den Teig abkühlen lassen. Eier und Zucker schaumig rühren. Treibkraft mit dem Mehl vermischen und zusammen mit dem Gewürz zu der Eiermischung geben. Die beiden Teige miteinander verkneten. Den Teig ca. 1 cm dick ausrollen und mit Plätzchenformen ausstechen. Auf ein gefettetes Blech legen und bei 175° C ca. 20 Minuten backen.

Makronen

Zutaten
4 Eiweiß
200 g feiner Zucker
1 Packung Vanillezucker
200 g geriebene Haselnüsse
Oblaten

Zubereitung
Das Eiweiß zu sehr steifem Schnee schlagen und den Zucker nach und nach unter Rühren einrieseln lassen. Den Vanillezucker und die Haselnüsse untermischen. Mit einem Löffel kleine Häufchen auf die Oblaten setzen. Bei schwacher Hitze langsam goldgelb backen.

Nusskuchen

Zutaten
275 g Butter
175 g Zucker
4 Eier
1 Päckchen Vanillezucker
200 g Mehl
150 g Haselnüsse
1 gestrichener TL Backpulver
5 EL Rum
5 EL Aprikosenmarmelade
2 EL Wasser
1 Packung Kuchenglasur Vollmilch

Zubereitung
Aus Butter, Zucker, Eiern, Vanillezucker, Mehl, Haselnüssen und Backpulver einen Rührteig herstellen und in eine gefettete Kranzform füllen. Bei 175° C ca. 45 Minuten backen. Den noch heißen Kuchen mehrmals mit einem Holzstäbchen einstechen. Den Kuchen mit Rum tränken. Das Wasser erhitzen, die Marmelade darin auflösen und auf den Kuchen streichen. Die Kuchenglasur im Wasserbad schmelzen und auf dem erkalteten Kuchen verteilen.

Schmandtorte

Zutaten

1 fertiger Tortenboden
2 Becher Sahne
2 Becher Schmand
3 Päckchen Sahnesteif
6 EL Zucker
Zitronensaft nach Geschmack
1 großes Glas Stachelbeeren
1 Päckchen heller Tortenguss

Zubereitung

Schmand mit Zitronensaft und 3 EL Zucker verrühren. Sahne mit 3 EL Zucker und Sahnesteif aufschlagen. Sahne unter den Schmand heben. Tortenring in den Tortenboden stellen und die Schmandmasse einfüllen. Stachelbeeren abtropfen lassen und auf den Schmand geben. Tortenguss mit dem Stachelbeersaft nach Anweisung vorbereiten und auf den Stachelbeeren verteilen. Mindestens 4 Stunden im Kühlschrank fest werden lassen.

Schokoladenmilch

Zutaten

115 g Schokoraspel
4 Tassen Milch
1/2 Tasse Sahne
1 Eigelb
2 EL Zucker
1/2 TL Zimt
1/8 TL Muskat

Zubereitung

Schokoraspel in einer halben Tasse Milch auflösen, die restliche Milch dazugeben und erhitzen. Die anderen Zutaten miteinander verrühren. In die heiße Milch geben und bis kurz vor dem Kochen erhitzen. Die Flüssigkeit mit dem Schneebesen schlagen, bis sich Schaum bildet.

Wurzelgemüse

Zutaten

500 g Hackfleisch halb und halb
750 g Möhren
750 g Kartoffeln
1 Zwiebel
Butter
Pfeffer, Salz, Muskat
Fondor
Wasser

Zubereitung

Die Zwiebel schälen und in Würfel schneiden. Etwas Butter in einen Topf geben und die Zwiebelwürfel darin glasig dünsten. Das Fleisch dazugeben, würzen und anbräunen. Die Möhren waschen und in Würfel schneiden. Möhrenwürfel auf das Fleisch geben. Den Topf mit Wasser auffüllen, bis die Möhren leicht bedeckt sind. Einen Esslöffel Fondor darüber geben und bei niedriger Stufe ca. 15 Minuten köcheln lassen. Dabei nicht umrühren. In der Zwischenzeit die Kartoffeln schälen und würfeln. Die Kartoffelwürfel auf die Möhren geben und weiter köcheln lassen, bis die Kartoffeln gar sind. Dann alles miteinander vermischen.

Xelas Apfelmuskuchen

von Alexandra Stangl

Zutaten

200 g Mehl
200 g Zucker
50 g Butter
50 g geriebene Walnüsse
50 g Rosinen
1 Ei
Apfelmus von 5 – 6 mittelgroßen Äpfeln
1/2 TL geriebene Nelken
1/2 TL Zimt

Zubereitung

Alle Zutaten zu einem Teig vermischen. Den Teig in eine gefettete und mit Semmelbröseln bestäubte Form füllen und im vorgeheizten Ofen bei 180° C ca. 1 Stunde lang backen.

Xelas Apfelstrudel

von Alexandra Stangl

Zutaten

Fertige Strudelblätter oder Blätterteig

für die Brösel:
100 g Semmelbrösel
2 EL Butter
Butter in der Pfanne erhitzen, Semmelbrösel beimengen und goldbraun rösten.

für den Zimtzucker:
120 g Feinkristallzucker
10 g Zimt

für die Füllung:
Brösel
Zimtzucker
170 g Rosinen
Zitronensaft
1 kg saure Äpfel, geschält, entkernt und in Scheiben geschnitten
ein Schuss Amaretto

Zubereitung

Den gefüllten und mit Bröseln und der Zimt-Zucker-Mischung bestrichenen Blätterteig im vorheizten Backofen bei 180-200° C goldbraun backen, eventuell mit Milch oder Weißwein bestreichen.

Xelas Vanillekipferl

von Alexandra Stangl

Zutaten

210 g Butter
280 g Mehl
100 g Mandeln, sehr fein gemahlen
70 g Puderzucker
Bourbone-Vanille

Zubereitung

Die Zutaten rasch zu einem Mürbteig kneten, kleine Kipferl formen und im vorgeheizten Backofen bei 180° C hell backen. Die Kipferl noch warm in der Vanille-Puderzucker-Mischung wenden.

Zitronenkuchen

Zutaten

200 g Zucker
200 g Butter
4 Eier
300 g Mehl
1/2 TL Backpulver
1 Packung Zitronenback
250 g Puderzucker
2 EL Zitronensaft

Zubereitung

Aus Zucker, Butter, Eiern, Mehl, Backpulver und Zitronenback einen Rührteig zubereiten. In eine gefettete Kastenform geben und bei 175° C ca. 40 Minuten lang backen. Den Puderzucker mit dem Zitronensaft verrühren und über den Kuchen geben.

Zwiebelfleisch

Zutaten

500 g Rinderbraten
75 g Margarine
250 g Zwiebeln
1 Knoblauchzehe
1 Prise Zucker
Salz
Pfeffer
Flüssigkeit zum Aufgießen
2 EL saure Sahne

Zubereitung

Die Zwiebeln in Ringe schneiden und im heißen Fett zusammen mit der zerdrückten Knoblauchzehe und einer Prise Zucker goldbraun rösten. Das Fleisch in hauchdünne Scheiben schneiden, salzen und pfeffern und zu den Zwiebeln geben. Von beiden Seiten anbräunen. Etwas heiße Flüssigkeit aufgießen und das Ganze zugedeckt in etwa 25-30 Minuten weich schmoren. Mit der sauren Sahne abschmecken.

Impressum

Konzeption und Texte:
Barbara Kreilaus

Entwürfe und Realisation:
Barbara Kreilaus, Christina Biller, Beate Bott, Irmhild Brauckmann, Claudia Breidenbach, Susanne Breideneichen, Grid Doerenkamp, Bianca Felsch, Andrea Gomoll, Ina-Maria Hinzmann, Sonja Kreß, Brigitte Salhöfer, Susanne Schonlau, Alexandra Stangl, Anne Tank und Carol aus Texas

Redaktion:
Petra Hassler

Lektorat:
SCHAETZL@HAASZ-MEDIEN GbR, Christian Haasz

Fotos Freisteller:
Fotostudio Wehinger, Rheinfelden

Fotos Stepps:
Oswald Visuelle Medien, Schwörstadt
Esselte / Leitz (Seite 9)

Styling:
Oswald Visuelle Medien, Schwörstadt

Umschlaggestaltung:
Christiane Kölble

Layout und Produktion:
www.heydesign.de

Druck und Verarbeitung:
J. P. Himmer, Augsburg

ISBN 3-89 858-874-2
ISBN 978-3-89858-874-4
(gültig ab 01.01.2007)

Hersteller

Farben und Lacke:
Marabuwerke GmbH & Co. KG
Asperger Straße 4
71732 Tamm
www.marabu-kreativ.de

Autorin und Verlag haben alle Angaben und Anleitungen mit größtmöglicher Sorgfalt zusammengestellt. Dennoch kann bei Fehlern keinerlei Haftung für direkte oder indirekte Folgen übernommen werden.